보금자리론!
쉽게 신청하고 대출받기!

편저자 : 최용환

보급자리론 : 한국주택금융공사가 10~30년간 대출 원리금을
나누어 갚도록 설계한 장기주택담보대출 상품

법문북스

머 리 말

주택이란 인간을 비·바람이나 추위·더위와 같은 자연적 피해와 도난·파괴와 같은 사회적 침해로부터 보호하기 위한 건물을 말합니다. 우리 인간이 사회생활을 하려면 의(衣), 식(食), 주(住)는 기본이 되는 요소이며, 그 중 주는 가장 우선시 되는 것으로 취급됩니다.

주택은 원시시대에는 동굴로 시작하여 움집, 귀틀집, 초가집, 기와집 순으로 발전하여 거주하던 집은 오늘날에는 서양에서 발달된 아파트가 주택의 개념에 대세를 이루고 있습니다. 그런데 인구가 계속 증가하면서 주택이 수요에 미치지 못하다 보니, 전세와 월세로 주택을 임차하여 생활하는 사람이 날로 상승하고 있는 것이 현 실정입니다. 최근 전세가격의 폭등과 전세에서 월세로의 전환이 가속화 되는 등 전월세시장이 불안해 지고 있고, 이에 따른 전월세 가격상승의 부담으로 많은 젊은 층에서 대출신청이 급등하고 있는 실정입니다.

이에 정부에서는 한국주택금융공사에서 보금자리론을 통하여 장기고정금리 분할상환 주택담보대출을 실시하고 있습니다. 이 보급자리론은 한국주택금융공사가 10~30년간 대출 원리금을 나누어 갚도록 설계한 장기주택담보대출 상품을 말합니다. 상품의 종류는 기본형, 중도금연계형 등 여러 가지가 있으며, 상품의 종류에 따라 상환이자, 상환방식, 대출기간, 대출한도 등이 다릅니다.

이 보금자리론은 신청방법에 따라 인터넷 신청이나 서류를 우편발송으로 신청할 수 있습니다. 창구방문을 하지 않고 인터넷으로 신청하는 u-보금자리론, 은행에 직접 방문하여 상담 및 신청하는 t보금자리론도 있습니다. t보금자리론은 시중의 대부분 은행이나 보험회사가 취급합니다.

이 책에서는 보금자리론 대출에 대해서 자세하게 해설하여 제1편에서는 보금자리론 개요에 관한 내용을 사례별로 정리하고, 제2편에서는 보금자리론 업무처리기준을, 제3편에서는 주택도시기금에서 실시하고 있는 각종 주택전세자금 대출에 관한 내용을 사례별로 수록하였습니다. 이러한 자료는 한국주택금융공사와 주택도시기금의 홈페이지에 나타난 자료를 참고하여 종합적으로 정리하여 누구나 알기 쉽도록 편집하였습니다.

이 책이 전세 및 월세 주택을 구하려는 젊은 층과 신혼가구 등 세입자 모든 분들에게 큰 도움이 되리라 믿으며, 열악한 출판시장임에도 불구하고 흔쾌히 출간에 응해 주신 법문북스 김현호 대표에게 감사를 드립니다.

편저자

차 례

제2편

보금자리론 업무처리기준 ·········· 41

제3편
주택도시기금 주택전세자금대출 ······················ 151

제1편
보금자리론 개요

제1장
특례보금자리론 개요

Part 1. 상품소개

- **신청대상**

  - 민법상 성년

  - 대한민국 국민(재외국민, 외국국적동포 포함)

  - 한국신용정보원 신용정보관리규약 해당사항 없고 CB점수 271 점 이상

- **대출요건**

  - 6억원 이하 공부상 주택

  - 본건 담보주택 제외 무주택 OR 1주택

  - 부부합산 연소득 1억원 이하

  - LTV 최대 70%- DTI 최대 60%

- **상품구조**

  - 대출한도 최대 5억원

  - 대출만기 10,15,20,30,40,50년

    (만기 40,50년은 특정 조건을 충족하셔야 합니다.)

  - 원리금 균등, 원금 균등, 체증식 분할상환

• 이런 분들께 추천합니다!

	특례 U-보금자리론	특례 아낌e보금자리론	특례 t-보금자리론
소개	한국주택금융공사 홈페이지를 통해 신청하는 보금자리론	대출거래약정 및 근저당권설정등기를 전자적으로 처리하여 u-보금자리론보다 금리가 0.1%p 저렴	은행에 방문해서 직접 신청하는 보금자리론이며, u-보금자리론보다 금리가 0.1%p 저렴
용도	구입용도 : 담보주택의 건물에 대한 소유권 이전(보존) 등기일로부터 3개월 이내에 대출 신청한 경우 - 소유권이전과 동시에 대출 취급 가능 - 소유권이전 전이라도 매도인의 담보제공 형태로 대출 취급 가능		
	보전용도 : 담보주택의 건물에 대한 소유권 이전(보존) 등기일로부터 3개월을 경과하여 30년 이내에 대출 신청한 경우 - 현재 임대차 보증금 반환용도에 한하여 운영		
	상환용도 : 구입 또는 보전용도의 기존 주택담보대출을 상환하기 위해 대출 신청한 경우		

보금자리론은 주택 구입용도, 전세자금반환용도 및 기존 주택담보대출 상환용도로 신청이 가능하며, 대출 받은 날부터 만기까지 안정적인 고정금리가 적용됩니다. 향후 금리변동의 위험을 피하고자 하는 고객에게 적합한 상품입니다.

Part 2. 상품요건

- **연령**
  - 민법상 성년(연령은 민법에 따라 계산)

- **국적**
  - 주민등록표 등본에 기재된 대한민국 국민(재외국민, 외국국적 동포 포함)

- **주택 및 소유자**
  - 실주거용으로 사용되는 「주택법」 제2조 제1호의 공부상 주택
  - 아파트와 기타 주택(연립, 다세대, 단독주택)으로 구분
  - 대출승인일 현재 담보주택 평가액이 9억원을 초과하는 주택은 취급 불가(2023년 9월 27일 대출신청 접수분부터 대출승인일 현재 담보주택 평가액이 6억원을 초과하는 주택은 취급 불가) 담보주택 세부평가 방법 안내

  △ 구입용도의 경우 시세정보, 감정평가액, 매매가액(낙찰가액, 분양계약서상 실매매액 등 매수인이 실제 지급한 금액)중 어느 하나도 9억원을 초과하는 주택은 취급 불가(2023년 9월 27일 대출신청 접수분부터 6억원을 초과하는 주택은 취급 불가)
  - 채무자 또는 배우자(결혼예정자 포함)가 소유자(예정 소유자)

  △ 채무자와 소유자가 다른 경우 소유자를 담보제공자로 하여 근저당권 설정

- **소득 요건**

  - 소득상한 제한 없음(2023년 9월27일 대출신청 접수분부터 부부합산 연소득 1억원 이하) 소득심사 방법 안내

  - 배우자 소득 생략 가능(2023년 9월27일 대출신청 접수분부터 배우자 소득 증빙 필수) (단, 우대금리 요건에 따라 제한)

- **신용 평가 및 정보**

  - NICE신용평가정보(주)의 CB점수가 271점 이상인 경우만 취급 가능

  - 공사가 사전심사 하는 경우에는 승인일 현재 부부가 공사내규에 의한 채무관계자로 규제되고 있는 경우 취급 불가

  - 한국신용정보원 "신용정보관리규약"에서 정하는 아래의 신용정보가 남아있는 경우는 취급불가

  △ 연체, 대위변제대지급, 부도, 관련인 정보

  △ 금융질서문란정보, 공공정보

  △ 신용회복지원 신청 및 등록정보

  - 소득 증빙하는 배우자는 '신용정보' 확인. (신용평가는 생략)

- **주택 보유수주택보유수**

  - 채무자와 배우자의 총 주택보유수가 본건 담보주택을 제외하고는 무주택(구입용도) 또는 1주택(상환, 보전용도)

  △ 단, 대체취득을 위한 일시적 2주택자의 경우, 기존주택처분조건부로 취급 가능 (2023년 9월 27일 대출신청 접수분부터 일시

적 2주택자 취급 중단)

△ 기존주택은 대출실행일로부터 3년내 처분

• 자금용도

- 구입용도: 담보주택의 건물에 대한 소유권 이전(보존) 등기일
로부터 3개월 이내에 대출 신청한 경우

△ 소유권이전과 동시에 대출 취급 가능

△ 소유권이전 전이라도 매도인의 담보제공 형태로 대출 취급 가능

- 보전용도: 담보주택의 건물에 대한 소유권 이전(보존) 등기일
로부터 3개월을 경과하여 30년 이내에 대출 신청한 경우

△ 현재 담보물건에 대한 임차보증금 반환용도에 한하여 임차보증
금 잔액 이내 취급 가능

- 상환용도: 구입 또는 보전용도의 기존 주택담보대출을 상환하
기 위해 대출 신청한 경우

△ 기존대출의 채무자와 보금자리론의 채무자는 동일인이어야 하
나, 배우자의 경우는 동일인으로 간주

※ 위 내용은 상품특징 중 일부 대표적인 내용만 기술하였으므로, 소득
산정방법, 담보주택평가방법 등 자세한 사항은 제2편을 참조하기를
부탁드립니다.

※ 우대금리 적용여부에 따라 보금자리론 상품 성격이 달라지므로 참
고 부탁드립니다.

Part 3. 상품구조

- ## LTV

  아파트기준 최대 70% (기타주택은 65% 이내) 다만, 담보주택 소재지가 조정지역인 경우,(또는) CB점수 271~614점 또는 MSS 점수가 「MSS운영기준」에서 별도로 정하는 경우,(또는) 소득추정방법을 사용하는 경우 담보주택의 유형별로 10%p씩 차감하여 적용

- ## DTI

  최대 60%다만, 담보주택 소재지가"조정지역"인 경우 10%p 차감하여 적용(조정지역일지라도 실수요자 요건에 해당되거나 임차보증금 반환용도인 경우에는 차감 적용하지 않음)

  - 조정대상지역 중 과열지역, 투기지역 및 투기과열지구를 포함

- ## 대출한도

  최대 5억

- ## 대출만기

  10년, 15년, 20년, 30년, 40년, 50년

  (만기 40년, 50년은 신혼가구거나 만 34세 혹은 만 39세이하 조건을 충족하셔야 합니다. 담보주택이 녹색건축물인 경우 연령과 무관하게 40년 만기 취급이 가능합니다.)

- ## 상환방식

  원리금 균등분할상환, 체감식 분할상환(원금 균등분할상환), 체

증식 분할상환

- 만 40세 미만 채무자 및 공사가 사전심사한 경우에만 허용하며, 대출만기 50년 적용 불가
- 대출실행 후에는 원금상환방식 변경 불가

• **대출금리**

4.50%~4.80% (범위 안내)

• **금리우대 (−) 및 가산(+)**

- 우대금리

△ 저소득청년(0.1%p), 신혼가구(0.2%p), 사회적 배려층(한 부모가구·장애인가구·다문화가구·다자녀가구로 각 항목 0.4%p 최대 2가지 항목을 택하여 중복적용 가능), 녹색건축물(0.1%p), 미분양관리지역 내 미분양주택 입주자에 대한 우대금리(0.2%p)

△ 저소득청년, 신혼가구, 사회적 배려층, 녹색건축물, 미분양관리지역 내 미분양주택 입주자에 대한 우대금리는 최대 0.8%p를 한도로 중복적용 가능

• **조기(중도)상환수수료 없음**

※ 위 내용은 상품특징 중 일부 대표적인 내용만 기술하였으므로, 소득산정방법, 담보주택평가방법 등 자세한 사항은 제2편을 참조하기를 부탁드립니다.

※ 우대금리 적용여부에 따라 보금자리론 상품 성격이 달라지므로 참고 부탁드립니다.

제2장
특성별 상품 보금자리론

Part 1. 특성별 상품소개

- **신청대상**

  - 민법상 성년

  - 대한민국 국민 (재외국민, 외국국적동포 포함)

  - 한국신용정보원 신용정보관리규약 해당사항 없고 CB점수 271
    점 이상

- **대출요건**

  - 6억원 이하 공부상 주택

  - 본건 담보주택 제외 무주택 OR 1주택

  - 부부합산 연소득 1억원 이하

  - LTV 최대 70%- DTI 최대 60%

- **상품구조**

  - 대출한도 최대 5억원

  - 대출만기 10,15,20,30,40,50년

  - 원리금 균등, 원금 균등, 체증식 분할상환

- **이런 분들께 추천합니다!**

	특례 U-보금자리론	특례 아낌e보금자리론	특례 t-보금자리론
소개	한국주택금융공사 홈페이지를 통해 신청하는 보금자리론	대출거래약정 및 근저당권 설정등기를 전자적으로 처리하여 u-보금자리론보다 금리가 0.1%p 저렴	은행에 방문해서 직접신청하는 보금자리론이며, u-보금자리론 보다 금리가 0.1%p 저렴
용도	한국주택금융공사 홈페이지를 통해 신청하는 보금자리론		
	보전용도 : 담보주택의 건물에 대한 소유권 이전(보존) 등기일로부터 3개월을 경과하여 30년 이내에 대출 신청한 경우		
	상환용도 : 구입 또는 보전용도의 기존 주택담보대출을 상환하기 위해 대출 신청한 경우		

보금자리론은 주택 구입용도, 전세자금반환용도 및 기존 주택담보대출 상환용도로 신청이 가능하며, 대출 받은 날부터 만기까지 안정적인 고정금리가 적용됩니다. 향후 금리변동의 위험을 피하고자 하는 고객에게 적합한 상품입니다.

1. 초장기 보금자리론

청년층 및 신혼가구의 주택구입 부담 완화를 위해 40년, 50년 대출만기를 적용하는 상품입니다.

- **대상요건**

  - 신청일 현재 채무자가 만 39세 이하 또는 신혼가구 이거나 담보주택이 녹색건축물(1,2등급에 한함)인 경우 40년 만기 선택 가능

  - 신청일 현재 채무자가 만 34세 이하 또는 신혼가구인 경우 50년 만기 선택 가능

△ 신혼가구 : 혼인관계증명서상 혼인신고일이 신청일로부터 7년 이내인 가구(결혼예정 가구 포함)

- **대출만기**

  40년, 50년

2. 생애최초 보금자리론

생애최초로 내집마련을 실현하는 고객에게 최대 대출한도 LTV 80%까지 도움을 드리기 위한 상품입니다.

- **대상요건**

  신청일 현재 부부 모두 무주택자에 본 건이 생애최초로 주택을 취득하는 자

- **자금용도**

  구입용도로만 가능

- **대출한도**

  최대 LTV 80%(5억원 한도 내)

3. 유한책임 보금자리론

보금자리론 대출상환책임을 담보주택(대출대상주택)으로 한정하는 대출로 채무 불이행 시 담보주택 외에 추가상환 요구를 하지 않는 대출입니다.

- **심사항목**

  - 단지규모 : 단지 세대규모 기준
  - 경과년수 : 등기사항전부증명서의 보존등기일 또는 건축물 대장의 사용승인일 기준
  - 가구수 증가율 : 최근 3개년간 주민등록 세대수 평균 증가율로 산정(통계청의 시군구 소재지 기준)
  - 주택조사가격 대비 구입가격의 적정성 : 주택조사가격과 구입가격의 차액에 대한 백분율로 산정. 다만, 보전용도 및 상환용도의 경우'주택조사가격 대비 구입가격의 적정성'평가를 생략하고, 그 외 평가항목 합산점수를 총 100점 기준으로 환산하여 적용

4. 전세사기피해자 보금자리론

전세사기피해자가 전세사기피해주택을 낙찰받거나 신규로 주택을 구입하는 경우 LTV완화 및 우대금리를 적용하는 상품입니다.

- **대상요건**

전세사기피해자 지원 및 주거안정에 관한 특별법에 따른 전세사기피해자 결정본 정본을 발급받은 전세사기피해자(특별법 제2조 제4호 가목 또는 다목 해당)

- **자금용도**

구입용도, 상환용도

  - 상환용도는 전세사기피해자가 전세사기피해자로 결정되기전에 전

세사기피해주택 낙찰 시 이용한 주택담보대출(보금자리론 포함)을 상환하기 위하여 기존대출의 잔액 범위 내 신청한 경우 해당

- **대출한도**

  5억원내

  - 낙찰주택 : 낙찰가액의 100%(경매 또는 공매 담당기관의 최초 감정평가금액 이내)

  - 신규주택 : 주택가격 80% 이내

- 우대금리

  공사가 별도 제시

5. 주택연금 사전예약 보금자리론

보금자리론 취급 시 만 55세(본인 또는 배우자 기준(이하 연령 항목에서는 본인 또는 배우자 중 연장자를 기준으로 적용) 이후 주택연금으로 전환(사전예약)할 것을 추가약정하면 보금자리론 상환기간 동안 우대금리를 최대 0.2%p 우대하는 상품입니다. 공사의 주택연금 가입까지 희망하는 고객에게 적합한 상품입니다.

- **연령**

  신청일 현재 본인 또는 배우자가 만 40세 이상

- **대출만기**

  10년, 15년, 20년, 30년, 40년, 50년(만 45세 미만인 경우 대출만기 10년 선택 불가)

- **우대금리**

  보금자리론 상환기간 동안 우대금리 0.2%p 적용(대출금액 2억원 한도)

  추가 우대금리 사항은 제2편 참조

  ※ 자세한 내용은 제2편(보금자리론 업무처리기준)을 통해 확인할 수 있습니다.

Part 2. 신청절차

- **신청방법**

  인터넷 (하단의 'u/아낌e-보금자리론 신청' 클릭)을 통해 신청

- **상담정보입력**

  홈페이지에서 공동인증서(구 공인인증서) 로그인 후 상담이 필요한 필수/선택 항목을 입력합니다.

- **전화상담**

  공사의 상담원이 고객님께 전화를 드려 대출상담 후 대출신청에 필요한 구비서류를 안내해 드립니다.

- **서류발송**

  안내받으신 서류를 우편 또는 택배로 공사의 관할 지사에 발송하거나 홈페이지(스마트 주택금융 어플 포함)에 서류 이미지파일을 직접 업로드하시면 심사가 진행됩니다.

- **심사 및 승인**

  공사의 심사를 거쳐 승인된 결과가 고객님께 문자메세지로 발송, 심사내역은 홈페이지 내 마이페이지를 통해서 확인 가능합니다.

- **은행방문/대출금수령**

  취급금융기관을 방문하여 대출약정 및 근저당 설정서류를 작성하고 대출금을 수령합니다.

- **신청 내용 변경**

시기	변경가능 항목	변경신청 방법
대출신청 완료 후 ~ 대출승인 전	소득과 부채를 제외한 대출신청금액 등 각종 항목을 콜센터 또는 심사담당자와 상담 후 변경 가능	콜센터 상담 시 변경을 원하는 항목에 대해 변경 요청. 또는 심사담당자 배정 시 심사담당자에게 변경 요청
대출승인 및 양수 확약통지 후~실행 전	대출기간, 거치기간(이자만 납부하는 기간), 상환방법, 희망취급지점 변경 가능	은행창구에서 변경신청 ※ 구입자금보증 이용 시, 공사로 변경 신청(지점 변경은 은행 창구에서 가능)

- **제출서류**

   △ 심사 시 제출서류(공사 관할지사)

   - 배우자 신분증 및 배우자용 정보제공동의서(배우자 온라인 정보 제공 동의 시 생략)

   - 주민등록등본(행정정보공동이용 사전동의 시 제출 생략)

   - 가족관계증명원(미혼이거나 배우자가 별도 세대인 경우)

   - 소득증빙 및 재직확인 서류(상품소개 메뉴의 상품별 소득 증빙 방법 참고)

   - 부동산 매매계약서 또는 분양계약서 사본(소유권 이전등기일로부터 3개월 이내 신청 시) 임대차계약서 사본(임대차가 있는 경우)

- **대출시 준비서류(금융기관 영업점)**

   - 주민등록등본, 인감증명서(대출용), 신분증 등

   - 부동산 등기권리증

Part 3. 금리안내

2023년 12월 특례보금자리론 금리입니다.

• 고정금리

공시일 : 2023년 12월 01일 (연 %)

상품별/만기		10년	15년	20년	30년	40년	50년
일반형	특례 아낌e-보금자리론	-	-	-	-	-	-
	특례 t-보금자리론	-	-	-	-	-	-
우대형 (주택가격 6억원이하, 소득1억원 이하)	특례 아낌e-보금자리론	4.50	4.60	4.65	4.70	4.75	4.80
	특례 t-보금자리론	4.50	4.60	4.65	4.70	4.75	4.80

※ 9.27일부터 일반형 특례보금자리론 신청접수 중단

※ t-특례보금자리론 : SC제일은행, 기업은행, 농협은행, 하나은행, 신한은행, 우리은행에 방문해서 대면 신청 · 접수하는 특례보금자론

※ 대출약정 및 근저당설정등기를 전자적으로 처리하지 않는 비대면('u'방식)금리는 0.1%p 가산

※ 단, 생애최초 주택구입자에 한해 LTV 최대 80%까지 적용

※ 금리조정형 적격대출 조정 기준금리: 5.00%(11.3일~11.30일)

※ 대출 실행일부터 만기까지 고정금리

• 우대금리

우대항목	우대요건	우대금리	선택
신혼가구	▪ 주택가격 6억원 이하 ▪ 부부합산 연소득 7천만원 이하 ▪ 주택면적 85㎡이하인경우 ▪ 혼인관계증명서상 혼인신고일이 신청일로부터 7년 이내인 가구(결혼예정 가구 포함)	0.2%p	○
저소득청년	▪ 주택가격 6억원이하 ▪ 소득요건 부부합산 6천만원이하 ▪ 연령 만39세이하	0.1%p	○
사회적 배려층 우대금리	▪ 주택가격 6억원 이하 ▪ 부부합산 연소득 6천만원 이하(다만, 다자녀가구 우대금리는 부부합산 연소득 7천만원 이하) ▪ 주택면적 85㎡(「국토의 계획 및 이용에 관한 법률」에 따른 수도권을 제외한 도시지역이 아닌 읍 또는 면지역은 100㎡) 이하 * 다자녀(미성년 자녀 3명 이상) 가구의 경우 면적제한을 받지 않음 ** 사회적 배려층 우대금리 신설(2016.9.28.일)이전 신청한 대출 및 기실행된 대출에 대해서는 소급적용 불가		
다자녀가구		0.4%p	○
한부모가구		0.4%p	○
장애인가구		0.4%p	
다문화가구		0.4%p	○
미분양관리지역 내 미분양 아파트 입주자	▪ 주택가격 6억원 이하 ▪ 부부합산 연소득 8천만원 이하 ▪ 구입용도 ▪ 신청일 현재 무주택자 ▪ 최초 수분양자 ▪ 신청일 현재 서울특별시·인천광역시·경기도를 제외한 미분양관리지역에 소재하는 미분양 아파트	0.2%p	○

녹색건축물	■「건축법」및 「녹색건축 인증에 관한 규칙」에 따라 지정된 인증기관(국토안전관리원, 크레비즈인증원, 한국부동산원 등)에서 2등급 이상의 "녹색건축 (예비)인증서"를 받은 경우로 인증기관은 녹색건축인증제 G-SEED통합운영시스템(www.gseed.or.kr)에서 확인 가능	0.1%p	○

적용 가능한 우대금리의 합

전세사기피해자	■ 전세사기피해자(전세사기피해자 결정문 정본 등으로 확인) ■ 구입용도, 상환용도 ※ 상환용도의 경우 전세사기피해자가 전세사기특별법 시행 이전에 전세사기피해주택 낙찰 시 이용한 주택담보대 출을 상환하기 위하여 기존 대출의 잔액 범위 내 신청한 경우 해당 ■ 2023년 9월 27일 대출신청 접수분부터 부부합산 연소득 1억원 이하, 주택가격 6억원 이하	0.85%p

제3장
보금자리론에 대한 궁금사항

■ 녹색건축물 우대금리가 무엇인지요?

대출신청일 현재 담보주택이 '건축법' 및 '녹색건축 인증에 관한 규칙'에 따라 지정된 인증기관에서「녹색건축 예비인증서」또는「녹색건축 인증서」를 받고 인증등급이 1등급 또는 2등급인 주택의 경우에는 0.1%P 우대금리 혜택을 받으실 수 있습니다.

※ 인증기관 : 토지주택연구원(구. 주택도시연구원), 크레비즈인증원, 한국에너지기술연구원, 한국교육환경연구원, 한국시설안전공단, 한국부동산원, 한국그린빌딩협의회, 한국생산성본부인증원, 한국환경건축연구원, 한국환경공단, 한국환경산업기술원등녹색건축인증제G-SEED통합운영시스(www.gseed.or.kr)에서 인증기관 확인 가능

※ 또한, 대출만기 40년 조건(채무자 나이 만39세 이하 또는 대출신청일 기준 혼인신고일이 7년 이내인 신혼부부)에 해당하지 않더라도 녹색건축인증등급 1등급 또는 2등급인 경우 대출만기 40년 이용 가능합니다.

■ 특례보금자리론 일반형이 중단되는지요?

관계부처 합동「가계부채 현황 점검회의」(2023.09.13.) 결과에 따라 2023.09.27.(수) 대출신청 접수분부터 특례보금자리론 일반형 취급이 중단되며 특례보금자리론 우대형 요건을 충족하는 경우에만 대출 신청 가능합니다.

또한 2023.09.27.(수) 대출신청 접수분부터 일시적 2주택자[1]의 보금자리론 이용이 불가합니다. 대출신청일 기준 채무자와 배우자의 총 주택보유 수가 본건 담보주택을 제외하고는 주택을 보유하고 있지 않은 경우

---

1) 기존 주택을 3년내 처분하는 조건으로 신규주택 구입자금 이용하는 차주

에만 대출 신청 가능합니다.

■ 특례보금자리론 신청방법 및 대출신청 후 진행절차는?

□ (신청방법) 주택금융공사 홈페이지(www.hf.go.kr)를 통해 평일 오전 9시 ~ 오후 9시까지 신청접수 가능

□ (진행절차) 대출신청 → 콜센터 상담 → 대출심사 → 대출승인(확약통지) → 은행방문 및 대출금 수령

■ 대출신청 주택 외 다른 주택이 있는 경우 이용가능한지요?

□ 구입용도로 신청하는 경우 대출신청 주택 외 1주택자에 한해 처분조건으로 이용가능

ㅇ 대출신청 주택 외 다른 주택은 대출실행일로부터 3년 이내 처분하여야 함

□ 2023.09.27. 대출신청접수분부터 일시적 2주택 취급 중단

■ [전세사기피해자 특례보금자리론] 전세사기피해자로 결정되기 전 낙찰받은 주택도 이용가능한지요?

□ 전세사기피해주택 낙찰 시 이용한 주택담보대출(보금자리론 포함)을 상환하기 위하여 기존 대출의 잔액 범위 내 신청한 경우에 해당2)

■ [전세사기피해자 특례보금자리론] 유한책임형으로 신청할 수 있는지요?

□ 특례구입자금보증을 활용하므로 유한책임형으로 이용할 수 없음

---

2) 소유권이전등기일로부터 3개월 이내 시 구입용도 신청 가능

■ [전세사기피해자 특례보금자리론] 신용관리정보를 보유하고 있어도 이용가능한지요?

□ 한국신용정보원의 신용관리정보3)가 등록되어 있는 경우 이용 불가

o 다만, 전세사기피해자는 전세 관련 대출에 한하여 신용도판단정보 등록이 유예되며, 등록 유예로 신용도판단정보를 보유하지 않은 경우에는 이용 가능

■ [전세사기피해자 특례보금자리론] 이용 횟수에 제한이 있는지요?

□ 특례보금자리론 및 전세사기피해자 특례구입자금보증은 1회만 이용 가능

■ [전세사기피해자 특례보금자리론]전세사기피해주택에 공사 전세자금보증을 이용중인 경우에도 해당주택을 담보로 특례보금자리론을 이용할 수 있는지요?

□ 특례보금자리론 실행일(매각대금 납부일)까지 전세자금대출을 전액 상환하지 못하는 경우(공사 전세자금보증 미해지)에도 이용 가능

□ 전세자금대출의 일부 또는 전부가 미상환될 경우 공사가 해당 대출을 은행에 대신 갚게 되며, 공사가 대신 갚은 후 6개월 이내 공사와 분할상환약정을 체결하고 정상적으로 약정을 이행할 경우 특례보금자리론 이용 가능

■ [전세사기피해자 특례보금자리론] 전세사기피해자 본인이 신청해야 하는지요?

□ 우대금리 등 전세사기피해자 특례보금자리론의 혜택을 받기 위해서는 전세사기피해자 본인이 신청해야 함

---

3)「신용정보관리규약」에서 정하는 신용도판단정보(연체, 대위변제 · 대지급, 부도, 신용회복지원정보 등) 및 공공정보(체납정보 · 개인회생 · 파산) 등

■ [전세사기피해자 특례보금자리론] 전세사기피해자 우대금리의 적용요
   건은? 다른 우대금리와 중복적용 가능한지요?

□ 특별법상 전세사기피해자로 확인되는 경우4) 공사가 별도 제시하는
   우대금리 적용

ㅇ 저소득청년·신혼가구·사회적배려층·녹색건축물·미분양주 입주자에 대
   한 우대금리와 중복적용 불가

■ 보전용도(임차보증금반환용도) 이용 시 임차인이 퇴거해야 하나요?

□ 임차보증금 반환용도로 특례보금자리론 이용 시 실행일 기준 해당
   물건지에 임차인이 없어야 실행 가능

※ 보전용도 이용하는 임대차계약 외 해당 물건지 내 임차인 모두 퇴
   거 조건

□ 임차인은 보금자리론 실행일까지 모두 전출하여 실행일에 임차인 퇴
   거 및 퇴거확인서류(등본, 전입세대열람) 제출가능하여야 함

■ 현재 세입자가 거주하고 있는 주택에 대해서도 신청이 가능한지요?

□ 세입자가 거주하고 있는 경우에도 특례보금자리론 신청 가능

※ 다만, 특례보금자리론보다 우선하는 전세권 등이 설정되어 있는 경우
   에는 설정금액만큼 주택담보가치가 차감(→대출한도 축소)될 수 있음.

□ (예외) 생애최초 특례보금자리론을 이용 할 경우, 대출실행일 기준
   담보주택에 임대차가 있는 경우 취급 불가

---

4) 전세사기피해자 결정문 정본 등으로 확인하며, 전세사기피해주택을 경매 또는 공매로
   취득한 경우 낙찰증빙서류(경락허가서, 매각결정통지서 등)를 추가로 확인

■ 1주택자 기준은?

□ 부부가 소유한 주택수의 합이 1주택(담보물건)

o 실주거용으로 사용되는 「주택법」제2조 제1호의 공부상 주택이 기준이며, 분양권·조합원입주권도 보유주택 수에 포함

※ 정기적으로 특례보금자리론 차주 및 배우자 주택수 재확인 → 1주택 초과시 6개월 내 처분 및 미처분시 전액 상환의무(기한이익상실) 발생

■ 전세자금대출, 이주비대출, 중도금대출, 잔금대출 등도 대환 대상에 포함되는지요?

□ 특례보금자리론은 주택담보대출로서 전세자금대출, 이주비대출, 중도금 대출 등은 상환용도 이용 불가

□ 잔금대출은 소유권 보전등기 완료되어 (근)저당권 설정이 가능한 시점에 한해 상환용도 이용 가능

■ 타운하우스로 신청 시 필요한 내용은 무엇인지?

□ '차주가 담보물로서 건물을 단독소유하고, 건물이 점유하고 있는 토지를 입주자들이 위치와 면적을 배타적으로 구분소유하기로 합의했는지' 등의 내용이 포함되며 법무법인의 공증이 있는 입주자들 간의 "대지지분 및 위치에 관한 합의서(명칭불문)" 필요

□ 향후, 토지분할로 인해 공유관계가 해소될 경우 분할된 토지에 대해 근저당권 재설정 필요

■ "HF톡"을 통한 챗봇 상담서비스 이용 방법은?

□ 카카오톡에서 "한국주택금융공사" 채널을 추가하고, 채팅창에 문의사항을 입력하여 챗봇을 통한 상담 진행

o 소득, 담보주택 등 주요 대출요건에 대한 상담을 24시간 언제든지 받을 수 있음.

■ 향후 금리 인하 시 특례보금자리론에서 특례보금자리론으로 대환이 가능한지?

□ 대환 불가능

o 1년 간 한시적으로 운영되는 정책상품으로 대환 시 중도상환수수료가 면제되는 점 등을 감안하여 동일한 차주에 대한 중복지원을 방지하기 위함

■ 특례보금자리론 청년 우대사항 해당 여부는 대출신청인(차주) 기준인지?

□ 연령에 따라 청년 우대가 적용되는 저소득청년 우대금리, 40년·50년 만기의 경우 대출신청인(차주) 기준으로 판단

o 배우자의 연령과는 무관하며, 대출신청 이후 신청인(차주) 변경은 불가하니 신청 시 주의

■ 특례보금자리론을 유한책임 대출로 이용이 가능한지?

□ 특례보금자리론도 유한책임 대출[5]로 이용이 가능

o 다만, 구입자금보증(생애최초 특례구입자금보증 포함)을 이용 시 유

---

[5] 대출상환책임을 담보주택에만 한정하여, 채무불이행 시 담보주택 처분에 의한 회수액 외에 추가 상환요구가 불가능한 대출

한책임 대출 이용이 불가

o 담보주택이 아파트인 경우 담보주택 심사평가결과6)에 따라 이용여부 결정

■ 특례보금자리론의 우대금리는 어떻게 적용되는지?

□ 특례보금자리론은 주택가격·소득에 따라 일반형과 우대형으로 구분되며, 아낌e(전자약정·등기)로 신청시 0.1%p 금리우대를 적용

□ 저소득청년·사회적배려층·신혼가구·미분양주택 입주자의 경우 우대금리 요건(주택가격, 소득 등) 충족 시 최대 0.8%p 금리우대 추가 적용이 가능

■ 대환용도로 사용한 경우 중도상환수수료가 부과되는지?

□ 특례보금자리론이 대환용도로 원활히 활용될 수 있도록, 기존 대출 상환에 따른 중도상환수수료는 모두 면제됨(디딤돌 대출 제외)

- 단, 공사의 1순위 근저당권 설정을 위해 자력상환한 기존 주택담보대출은 면제 대상이 아니며 특례보금자리론 대환 금액만큼만 중도상환수수료 면제

□ 아울러, 특례보금자리론을 이용하는 도중 시중금리가 하락하여 특례보금자리론을 他대출로 대환하려는 경우에도 중도상환수수료가 면제됨

■ 정책모기지 상품도 특례보금자리론으로 대환이 가능한지?

□ 기존 대출된 보금자리론, 적격대출 등 모든 정책모기지 상품에 대하여 상환용도 특례보금자리론 이용이 가능함

---

6) (심사점수 40~50점) LTV 10% 차감, (심사점수 40점 미만) 이용 불가

■ 체증식 상환방식7)을 이용할 수 있는지?

□ 만 40세 미만8)인 차주는 체증식 상환방식 이용이 가능하나, 50년 만기 대출9)시에는 체증식 상환방식을 이용할 수 없음

■ 특례보금자리론 대출실행 이후 주택가격이 하락하여 우대금리 요건을 만족하는 경우10) 우대금리 적용이 가능한지?

□ 주택가격 적용 판단시점은 대출승인일을 적용

□ 따라서, 대출실행 이후 주택가격이 6억 이하로 하락하여 특례보금자리론 우대금리 요건에 해당하더라도 우대금리는 적용되지 않음

■ 외국인도 특례보금자리론 이용이 가능한지?

□ 특례보금자리론은 원칙적으로 대한민국 국민만 이용 가능

ㅇ 국내에 주민등록을 한 재외국민11)과 국내거소신고를 한 외국국적동포12)의 경우 이용 가능 (배우자의 국적은 무관)

■ 배우자가 받은 기존대출도 특례보금자리론으로 상환할 수 있는지?

□ 차주와 배우자가 법적인 부부 상태를 유지하고 있다면, 배우자가 받은 기존대출도 특례보금자리론으로 상환 가능

---

7) 체증식 상환방식 : 초기에는 낮은 금액을 상환하고, 매월 상환금액이 증가하는 상환방식
8) 低연령 차주는 시간이 지나면서 소득이 증가할 가능성 반영해 체증식 상환을 허용
9) 긴 만기동안 은퇴 등으로 소득이 감소할 가능성을 감안해 체증식 상환을 배제
10) 예) 실행시 주택가격 6.5억원 → 이후 6억원 이하로 하락시
11) 「주민등록법」 제10조의2에 따라 국내에 주민등록을 한 재외국민
12) 「재외동포의 출입국과 법적 지위에 관한 법률」 제7조에 따라 국내거소신고를 한 외국국적동포

■ 개인회생 또는 신용회복 중인 경우에도 신청이 가능한지?

□ (본인) 개인회생, 파산면책 및 신용회복지원 등 신용정보(한국신용정보원 제공)가 등록되어 있는 경우 신청 불가(단, 해제정보가 있는 경우 신청 가능)

□ (배우자) 충분한 대출한도(DTI)를 지원받거나, 부부합산소득 정보가 요구되는 우대금리 적용 등 혜택을 받고자 배우자 소득증빙 필요시 배우자가 신용정보(개인회생, 파산면책, 신용회복지원 등) 등록된 경우 신청 불가

■ 하나의 주택을 구입하면서 디딤돌대출과 특례보금자리론을 동시에 이용할 수 있는지?

□ 두 상품의 지원 요건을 모두 충족한 경우 함께 이용 가능

※ 디딤돌대출 지원요건 : 주택가격 5억원 이하(신혼·2자녀이상 가구 6억원 이하), 부부합산 연소득 60백만원 이하(생애최초주택구입자, 다자녀가구, 2자녀가구는 70백만원, 신혼가구는 85백만원) 등

ㅇ 상대적으로 대출금리가 낮고 지원한도가 낮은 디딤돌대출부터 그 한도13)까지 대출이 이뤄지고,

ㅇ 디딤돌대출로 한도가 부족한 경우 특례보금자리론을 나머지 필요금액만큼 신청하여 지원받을 수 있음

■ 생애최초 주택구입자 보금자리론이란 무엇인가요?

2022년 11월 29일 신규 접수분부터 생애최초 주택구입자 보금자리론이

---

13) 일반차주 2.5억원, 생애최초주택구입 3억원, 신혼·2자녀이상 가구 4억원

시행되오니 이용에 참고하여 주시기바랍니다.

o (상품개요) 생애최초 주택구입자에 대한 대출요건(LTV, DTI, 대출한 도 등) 일부 완화

o (생애최초 주택구입자) 신청인과 배우자가 과거에 주택을 소유한 사실이 없는 자

- 주택보유 현황 검증 시 임대용으로 등록된 주택이 있는 경우 일반 보금자리론의 경우 주택보유 수 산정에서 제외하나 생애최초 주택구입자 보금자리론에서 생애최초 주택구입자로는 인정하지 않음

- 분양권 취득 및 처분 시점과 무관하게 분양권 또는 조합원 입주권을 보유하거나, 주택을 지분으로 보유한 경우에도 주택보유수에 포함

o (대출한도) 5억원 이내

o (LTV) 80% 이내. 다만, 일반 보금자리론 기준 LTV 초과 시 LTV 초과분 및 지역별 소액보증금에 대해 생애최초 생애최초 특례구입자 금보증을 적용

- 담보주택 소재지가 조정지역인 경우에도 LTV 차감(10%p) 미적용

o (DTI) 60% 이내

- 담보주택이 조정지역에 소재하는 경우에도 DTI 차감(10%p) 미적용

o (기타사항) 대출실행일 현재 담보주택에 임대차가 있는 경우 취급불가

■ 초장기보금자리론(40년,50년)을 이용하고 싶습니다.

o 초장기보금자리론(40년,50년)만기는 신청일 현재 채무자가 아래의 요건을 충족하는 경우 취급이 가능합니다.

- 40년만기: 만39세 이하 또는 신혼가구

- 50년만기: 만34세 이하 또는 신혼가구
ㅇ 50년만기 보금자리론은 체증식 분할상환방식 이용이 불가합니다.

■ 경매로 낙찰받은 주택도 보금자리론을 받을 수 있나요?
ㅇ 경매(공매)에 의한 주택취득시 구입용도[14]로 보금자리론 신청이 가능합니다.
ㅇ 매매계약서 대신 경락허가서(매각결정통지서)를 제출하셔야 합니다.
ㅇ 대출실행시점에 소유권이전이 가능하여야 하며, 담보물에 대항력 있는 제3자가 전입하지 않아야 합니다. 또한, 담보물에 가압류 등 권리침해 요소가 대출실행시점까지 해소되어야 대출 승인 가능합니다.
ㅇ 기존 임차인 등 담보주택에 전입된 제3자의 무상거주사실확인서 제출이 어려운 경우 대출이 불가할 수 있습니다.
ㅇ 대금지급기한통지서의 경우 신청인의 이름을 제외한 식별정보(주민등록번호, 주소)가 없으므로, 경락허가서 또는 매각허가결정 관련 서류로 인정 불가합니다.

■ 주택담보대출 자동이체 계좌 변경 방법이 궁금합니다.
□ 주택담보대출 자동이체계좌는 공사홈페이지(www.hf.go.kr),스마트주택금융App 또는 콜센터에서 변경 가능합니다.
ㅇ 공사홈페이지(www.hf.go.kr) → 인터넷 금융서비스 → My HF → 주택담보대출 → 자동이체계좌 변경
ㅇ 스마트주택금융App → ≡(App 우측 상단) → My HF → 자동이체 계좌변경
ㅇ 콜센터(1688-8114)를 통해 본인 확인 후 자동이체 계좌 변경

---

14) 소유권이전(보존) 등기일로부터 3개월 이내 신청

■ 계약직 근로자인 경우에도 상시소득 적용되나요?

□ 계약직 근로자의 경우에도 건강보험자격득실확인서 상, 재직기간이 1년 이상으로 확인되는 경우 상시소득으로 간주합니다. 단, 근로계약기간이 1년 미만으로 확인되는 경우에는 상시소득 인정대상 제외[15]됩니다.

■ 실수요자 요건의 주택가격 8억원은 시세와 매매가 중 어느 금액인가요?

□ 담보주택의 평가액은 대출승인일 현재의 '가격정보', 「부동산 가격공시에 관한 법률」의 주택 공시가격', '분양가액', 「감정평가 및 감정평가사에 관한 법률」의 감정평가액' 순서로 적용하며 실수요자 요건의 주택가격도 위 담보주택 평가액을 기준으로 판단합니다.

- 실수요자 요건은 구입용도에만 적용 가능하며, 본건 주택가격이 8억원 이하이고, 부부가 신청일 현재 무주택자인 경우, 부부합산 연소득 9천만원 이하인 경우에 해당[16]합니다. 주택가격은 대출신청일 기준으로 시세가 있는 아파트의 경우에는 매매가액(낙찰가액, 분양계약서 상 실매매액 등 매수인이 실제 지급한 금액)과 대출승인일 시세정보를 추가로 비교하여 낮은 금액을 가격정보로 간주합니다.

---

15) 상시소득 제외시에도 보금자리론 소득산정 가능하나, 신청인이 1년 이하의 소득만 있는 경우에는, 동 1년 이하의 소득을 연환산 후 10% 차감하여 소득 산정합니다.
16) 위 요건은 보금자리론 취급요건을 충족(고가주택 취급제한 등)하시는 경우에 한하여 적용 가능함을 안내드립니다.

제2편
보금자리론 업무처리기준

제1장
보금자리론 개요

1. 보금자리론 의의

① 보금자리론이란 유동화 업무수행을 위한 기초자산으로서 이 기준에서 정한 내용에 따라 금융기관이 대출을 취급하면 공사가 양수하는 주택담보대출을 의미합니다.

② 업무처리방식에 따라 u, 아낌e, t 방식 보금자리론으로 구분되며, 아낌e는 전자약정 및 전자등기를 통해 취급비용을 절감한 상품입니다.

〈보금자리론 상품 구분〉

방식 업무흐름	u	아낌e (전자약정·전자등기)	t
대출 신청·상담	공사		금융기관
사전양수도 적격심사(이하'사전심사')	공사		–
대출 실행	금융기관		금융기관
대출채권 양수	공사		공사
채권관리	공사		금융기관

2. 보금자리론 업무처리기준의 근거

「주택저당채권 양수세칙」 제10조에 따라 주택저당채권의 취급과 관련한 세부 운용사항을 이 기준에서 정합니다.

3. 용어의 정의

① 주요용어

용어	공사가 사전심사 하는 경우	금융기관이 대출 심사하는 경우
신청일	고객이 신청시스템에서 신청 완료한 날	대출취급 금융기관(이하 '금융기관')이 공사에 고객의 대출신청내역을 전산으로 통지하는 날
승인일	사전심사가 완료되어 공사가 금융기관에 확약통지서 발송이 가능한 날	대출 심사가 완료되어 대출 실행 절차만을 남겨두게 된 날
실행일	금융기관에서 대출금을 고객에게 지급하는 날	

② 이 장에서 정하지 않은 용어는 각 장에서 정하는 바에 따릅니다.

제2장
채무자 요건

1. 항목별 요건

항목	요 건	기준
연령	■ 민법상 성년(연령은 민법에 따라 계산)	신청일
국적	■ 주민등록표 등본에 기재된 대한민국 국민 　- 주민등록을 한 재외국민과 국내거소신고를 한 외국국적동포 포함	신청일
주택 및 소유자	■ 실주거용으로 사용되는「주택법」제2조1호의 공부상 주택 　- 아파트와 기타주택(연립다세대단독주택)으로 구분	실행일
	■「민간임대주택에 관한 특별법」에 따라 등록된 임대주택은 보금자리론 취급 불가	신청일
	■ 채무자 또는 배우자(결혼예정자*포함. 이하 동일)가 소유자 * 채무자가 청첩장, 예식장계약서 사본 또는 "결혼예정사실 확인서"(별지24)를 제출하여 신청일로부터 3개월 이내 결혼예정임을 입증하는 경우에 한하여 배우자로 간주하며, 실행일로부터 3개월 이내에 배우자가 등재된 주민등록표 등본 또는 가족관계증명서 또는 혼인관계증명서를 제출. 다만, 주민등록표 등본 미제출사유서를 제출한 경우에는 실행일로부터 최장 6개월까지 제출기한 연장 가능	실행일 (배우자 여부 :신청일)
	■ 공사가 사전심사 하는 경우 채무자 또는 배우자가 동일 물건지로 공사 전세(월세)자금보증을 이용중이면 보금자리론 이용 불가 　- 다만, 보금자리론 실행일까지 전세(월세)자금보증을 해지하 경우 이용 가능	실행일
주택보유수	■ 채무자와 배우자의 총 주택보유수가 본건 담보주택을 제외하고는 무주택 또는 1주택* * 기존주택을 본 장 2. 주택보유 수 확인 및 관련 유의사항에서 정하는 기한 이내에 처분하는 조건으로 신규주택을 담보로 구입용도 대출을 받는 경우('대체취득을 위한 일시적 2주택', 이하 '일시적 2주택')	신청일

소득요건	■ 소득 제한 없음	신청일
신용평가	■ NICE신용평가정보(주)의 CB점수가 271점 이상인 경우만 취급 가능 　- 금융거래정보 부족으로 신용평가점수 산정이 불가능한 경우에는 271점으로 간주 　- RK0600 기준(이하 신용평가시 동일) ※금융기관이 대출 심사하는 경우 승인일의 CB점수자료를 출력하여 양수도시에 공사로 이관 ■ 공사가 사전심사 하는 경우에는 「보금자리론 신용평가시스템(MSS) 운용기준」에 따름	승인일
신용정보	■ 한국신용정보원 「신용정보관리규약」에서 정하는 아래의 신용정보가 남아있는 경우는 취급 불가 　- 연체, 대위변제대지급, 부도, 관련인 정보 　- 금융질서문란정보, 공공정보 　- 신용회복지원 신청 및 등록정보 ※ 신용정보조회 자료는 출력하여 양수도 시에 공사로 이관 ■ 소득을 입증하는 배우자는 "대출상담 및 신청서"(별지4)의 소득입증자항목에 기재하고 신용정보를 확인. 이 경우 신용평가는 생략	실행일
	■ 공사가 사전심사 하는 경우에는 승인일 현재 부부가 공사 내규에 의한 채무관계자로 규제되고 있는 경우 취급 불가 　- 공사가 확인 ■ 최종 대출기표 시점에 신용정보 재확인(타 기관 입력정보는 전날자 DB, 자체 등록정보는 당일자 DB 정보 활용)	(부부의 공사 규제보유부: 승인일)

2. 주택보유수 확인 및 관련 유의사항

1) 주택보유수는 채무자와 배우자(본건 대출 신청일 기준이며, 결혼예정자 및 세대 분리된 배우자 포함. 이하 동일)의 주택보유 현황을 국토교통부 주택소유확인시스템(이하 'HOMS') 및 주택담보대출 이용현황 등을 통해 검증

   (1) 대출 실행 전 : 신청일을 기준으로 채무자 및 배우자가 보유하고 있는 주택(이하 '기존주택')이 있는지를 확인

   (2) 대출 실행 후 : 실행일로부터 매 1년이 되는 날(이하 '검증기준일')을 기준으로 담보주택 외 채무자 및 배우자가 신청일 경과 후 추가로 취득한 주택(이하'추가주택')이 있는지를 검증

   (3) 주택담보대출 이용현황 : 채무자 및 배우자의 한국신용정보원 신용정보조회를 실시하여 채무자 및 배우자 소유의 다른 목적물로 주택담보대출(중도금 또는 이주비대출 포함)을 이용 중이면 주택보유수에 포함

2) 기존주택 또는 추가주택을 처분기한 내에 처분하지 않거나, 주택소유에 대한 확약내용이 사실과 다른 것으로 확인된 경우 기한이익 상실 처리됨을 반드시 채무자에게 고지 후 "대출거래약정서"(별지7, 9)에 자필서명 또는 날인토록 함.

   (1) 기존주택의 처분기한은 실행일로부터 3년, 추가주택의 처분기한은 검증기준일로부터 6개월

   (2) 위 (1)에도 불구하고 아래의 경우 추가주택의 처분기한은 검증기준일로부터 3년

   ① 분양권(조합원 입주권 포함) 또는 상속으로 추가주택을 취득한 경우

② 「전세사기피해자 지원 및 주거안정에 관한 특별법」(이하 '전세사기특별법') 제2조제4호가목 또는 다목에 따른 전세사기피해자등(이하 '전세사기피해자')이 임대인으로부터 임차보증금을 반환받지 못해 경매 또는 공매로 추가주택을 낙찰받은 경우

(3) 처분기한 내 미처분 시, 미처분 사실 확인일(이하 '확인일')을 기준으로 기한이익 상실 처리하고 확인일로부터 향후 3년 간 보금자리론 이용 제한

(4) 검증기준일과 확인일은 유동화자산관리를 위해 공사가 별도로 정한 내규에 따름

(5) 채무자가 처분기한 내 기존주택 또는 추가주택을 처분한 경우에는 공사에 처분사실을 통지하며, 처분내역은 부동산등기사항전부증명서로 확인

3) 그 밖에 주택보유수 판단

(1) 분양권 또는 조합원 입주권을 보유하거나, 주택을 지분으로 보유한 경우에도 주택보유수에 포함

- 채무자 및 배우자 명의의 분양권 또는 조합원 입주권은 중도금·이주비 등 대출이용 여부와 무관하게 주택보유수에 포함됨을 채무자에게 고지 후 "대출거래약정서"(별지7, 9)에 자필서명 또는 날인토록 함

(2) 전체 건물면적에서 주택면적이 차지하는 비중이 1/2 미만인 복합용도 건축물과 「민간임대주택에 관한 특별법」에 따라 등록된 임대주택은 주택보유수 산정에서 제외

- 임대주택 여부는「민간임대주택에 관한 특별법」에 따른 임대사업자등록증 등으로 확인

4) 무주택자 확인 기준

o 무주택자 : HOMS 조회 및 주택담보대출 이용현황 등으로 검증한 결과 부부가 본건 담보주택을 제외하고는 주택을 보유하고 있지 않은 경우. 다만, 검증결과 주택보유 사실이 있으나 이를 대출 신청 전 처분한 것이 공부상 입증되거나 아래 [무주택으로 보는 경우]에 해당하면 무주택자로 간주

---

o **무주택으로 보는 경우**
1. 상속으로 인하여 취득한 주택의 공유지분을 처분한 경우
2. 「국토의 계획 및 이용에 관한 법률」에 따른 도시지역이 아닌 지역 또는 면의 행정구역(수도권은 제외한다)에 건축되어 있는 주택으로서 다음의 어느 하나에 해당하는 주택의 소유자가 당해 주택건설지역에 거주(상속으로 주택을 취득한 경우에는 피상속인이 거주한 것을 상속인이 거주한 것으로 본다)하다가 다른 지역으로 이주한 경우
   (1) 사용승인 후 20년 이상 경과된 단독주택
   (2) 85㎡이하의 단독주택
   (3) 소유자의 「가족관계의 등록에 관한 법률」에 따른 최초 등록기준지에 건축되어 있는 주택으로서 직계존속 또는 배우자로부터 상속 등에 의하여 이전받은 단독주택
3. 개인주택사업자가 분양을 목적으로 주택을 건설하여 이를 분양 완료하였거나 그 지분을 처분한 경우
4. 세무서에 사업자로 등록한 개인사업자가 그 소속근로자의 숙소로 사용하기 위하여 주택을 건설하여 소유하고 있거나 정부시책의 일환으로 근로자에게 공급할 목적으로 사업계획 승인을 얻어 건설한 주택을 공급받아 소유하고 있는 경우
5. 20㎡이하의 주택을 소유하고 있는 경우. 다만, 본건을 제외하고 2호(戶) 또는 2세대 이상의 주택을 소유한 자는 제외한다.
6. 건물등기부 또는 건축물대장등의 공부상 주택으로 등재되어 있으나 주택이 낡아 사람이 살지 아니하는 폐가이거나 주택이 멸실되었거나 주택이 아닌 다른 용도로 사용되고 있는 경우 실제 사용하고 있는 용도로 공부를 정리한 경우
7. 무허가건물을 소유하고 있는 경우
8. 문화재로 지정된 주택

---

5) 이 기준에서 달리 정하고 있지 않은 사항에 대하여 그 밖에 기한이익 상실 등의 불이익 조치는 유동화자산관리를 위해 공사가 별도로 정한 내규에 따름

※ 주택보유수 관련 기타 업무처리방법
1. "대출거래약정서"(별지7,9)에 채무자가 본인 및 배우자의 기존 주택보유 현황을 기재하고, 이에 대한 처분 서약 및 대출실행 후 주택보유수 유지 관련 서약에 자필 날인
2. 공사가 사전심사 하는 경우 보금자리론용 동의서(별지19, 20, 21, 22, 23)는 공사에서 받으므로 금융기관에서 추가로 받을 필요 없음
3. 자금소요일에 임박하여 대출을 신청하는 경우 HOMS 검증결과 전이라도 대출승인 및 실행을 할 수 있으나, 검증결과 부적격자로 판정되는 경우에는 즉시 기한의 이익을 상실처리(신청인은 약정서 기타 특약사항란에 "무주택 검색결과 대출 부적격자로 판명되는 경우 기한의 이익 상실에 동의함"이라고 자필 서명 또는 날인)

---

3. 심사 시에 제출받는 서류

1) 서류 발급번호, 연락처 등이 기재되어 유선을 통해 확인이 가능한 서류로서 아래 [제출서류]에서 정하는 경우 사본 징구도 가능

2) 신청인 및 배우자의 동의를 얻어 공사가 행정정보 공동이용망 또는 스크래핑서비스 등을 통해 아래 [제출서류]를 전자문서의 형태로 직접 취득하는 경우 이를 원본으로 간주

3) 채무자가 동일한 담보주택으로 3개월 이내에 추가 대출신청하는 건을 공사가 사전심사 하는 경우 기제출한 서류를 유선 등으로 확인하여 습용이 가능

[제출서류]

- **용도 : 본인확인**

· 서류종류 :

△ 주민등록증, 운전면허증, 여권 중 1

- 공사가 사전심사 하는 경우 공동인증서(구 공인인증서)로 본인확인 시 징구 생략

· 사본수령가능여부 : 가능

- **용도 : 국적확인 등**

· 서류종류 :

△ 주민등록등본

※ 재외국민을 포함하며, 공사가 사전심사 하는 경우 "행정정보 공동이용 사전동의서"(별지21) 제출 시 징구 생략

△ 국내거소신고증 및 국내거소 신고사실증명(외국국적동포에 한함)

△ 외국국적동포의 국내거소신고사실증명원이 발급되지 않는 경우 외국인등록사실증명원으로 대체 가능

△ 가족관계증명원(채무자가 미혼이거나 배우자가 별도 세대인 경우에 한해 징구)

· 사본수령가능여부 : 가능

· 유효기간 : 1개월

- **용도 : 주택관련**
  - 서류종류 :

    △ 토지/건물 등기사항전부증명서(공사가 사전심사 하는 경우 제외)
  - 사본수령가능여부 : 불가
    - 구입용도의 경우 매매계약서(또는 분양계약서) 추가(소유권 이전 후 대출신청하는 경우 생략 가능)
    - 임대차 있는 경우에는 임대차계약서 추가
    - 경매(공매)에 의한 주택 취득 시 경락허가서(매각결정통지서) 추가
  - 사본수령가능여부 : 가능
  - 유효기간 : 1개월

- **소득증명(근로)**
  - 서류종류 :

    △ 세무서(홈택스) 발급 소득금액증명원 또는 소득확인증명서(ISA용)

    △ 연말정산용 원천징수영수증(원천징수부 등 포함)

    △ 재직회사가 날인한 급여명세표, 임금대장 등 급여내역이 포함된 증명서
  - 유효기간 : 1개월

- **소득증명(사업)**
  - 서류종류 :

    △ 세무서(홈택스) 발급 소득금액증명원 또는 소득확인증명서(ISA용)

△ 연말정산용 사업소득 원천징수영수증(거주자의 사업소득원천징수영수증 포함)

△ 세무사가 확인한 전년도 과세표준확정신고 및 납부계산서

- 사본수령가능여부 : 가능
- 유효기간 : 1개월

- **소득증명(연금)**

- 서류종류 :

△ 연금수급권자확인서 등 기타 연금수령을 확인할 수 있는 지급기관 증명서

- 연금수령액이 표기되지 않은 경우 연금수령통장

- 사본수령가능여부 : 가능
- 유효기간 : 1개월

- **기타**

- 서류종류 :

△ 세무서(홈택스) 발급 소득금액증명원

- 사본수령가능여부 : 가능
- 유효기간 : 1개월

- **소득추정(국민연금)**
  - 서류종류 :

    △ 연금산정용 가입내역확인서
  - 사본수령가능여부 : 가능
  - 유효기간 : 1개월

- **소득추정(건강보험)**
  - 서류종류 :

    △ 건강장기요양보험료 납부확인서(공사가 사전심사 하는 경우 직장가입자가 "행정정보 공동이용 사전동의서"(별지21) 제출 시 징구 생략)

    - 건강보험자격득실확인서(지역가입자에 한하여 징구하되, 공사가 사전심사 하는 경우 "행정정보 공동이용 사전동의서"(별지21) 제출 시 징구 생략)
  - 사본수령가능여부 : 가능
  - 유효기간 : 1개월

- **재직 및 사업영위 사실 확인 등**
  - 서류종류 :

    △ 건강보험자격득실확인서(공사가 사전심사 하는 경우 "행정정보 공동이용 사전동의서"(별지21) 제출 시 징구 생략)

    △ 재직증명서, 퇴직증명서(필요시), 휴직원(필요시 휴직을 확인할 수 있는 서류)

△ 사업자등록증

△ 다단계판매원등록증, 위촉증명서, 운송사업면허증, 고용계약서 등

· 사본수령가능여부 : 가능

· 유효기간 : 1개월

● **개인(신용)정보 등 확인용**

· 서류종류 :

△ 보금자리론용 동의서

- "개인(신용)정보 수집이용조회제공 동의서(필수적 동의)" (별지19)

- "개인(신용)정보 수집이용제공 동의서(상품서비스 안내 등)"(별지20)

- "개인(신용)정보 수집이용 동의서(매도인, 무상거주인 등 제3자용)"(별지22)

- "행정정보 공동이용 사전동의서"(별지21)(공사가 사전심사 하는 경우에만 징구)

- "개인(민감)정보 수집이용조회제공 동의서(선택적 동의)" (별지23)

- "공공 마이데이터 서비스 동의서"(별지27)(공사가 사전심사하는 경우에만 징구)

· 사본수령가능여부 : 불가

· 유효기간 : 1개월

- **동의서명**

  △ 개인(신용)정보 수집이용조회제공 동의서(필수적 동의)

  - 징구대상 : 차주 및 배우자 : 필수

  △ 개인(신용)정보 수집이용제공 동의서(상품서비스 안내 등)

  - 징구대상 : 차주 : 선택

  △ 개인(신용)정보 수집이용 동의서(매도인, 무상거주인 등 제3자용)

  - 징구대상 : 임차인, 매도인, 세대원, 무상거주인 등에 대해 필요 시 신분증과 함께 징구(임차인, 담보제공하지 않는 매도인, 세대원에 대해서는 징구 생략 가능)

  △ 행정정보 공동이용 사전동의서

  - 징구대상 : 차주 및 배우자 : 선택 (다만, 구입용도이거나 결혼 예정자의 경우 필수)

  △ 개인(민감)정보 수집이용조회제공 동의서(선택적 동의)

  - 장애인 우대금리 적용 시 대상자로부터 필수징구하며, 동의서 누락 시 우대금리 적용 불가

  - 징구대상 : 차주, 배우자 및 제3자 : 선택

  △ 공공 마이데이터 서비스 동의서

  - 징구대상 : 차주, 배우자 및 제3자 : 선택

[참고] 동의서별 징구대상

공사가 사전심사 하는 경우 공동인증서(구 공인인증서)가 있는
차주와 배우자의 동의서는 온라인으로 징구하고, 공동인증서(구
공인인증서)가 없는 배우자 및 제3자에 대한 동의서는 서면[17]으
로 징구

※ 유효기간은 서류발급일로부터 신청일까지로 초일불산입하여 계산하
며, 해외소득서류 제출시 이전년도 소득서류 제출하는 경우와 "녹색
건축 (예비)인증서"는 1개월 초과인 경우도 예외적으로 허용

---

17) 자필 서명된 동의서를 신분증 앞면과 함께 FAX 등으로 징구 가능

제3장
자금용도

1. 구입용도

① 담보주택의 건물에 대한 소유권 이전(보존) 등기일로부터 3개월 이내에 대출 신청(전산등록일 기준. 이하 동일)한 경우

   (1) 소유권 이전과 동시에 대출 취급 가능하며, 소유권 이전 전이라도 매도인의 담보제공 형태로 대출 취급 가능

   (2) 매수인과 매도인의 관계가 부부인 경우 취급 불가하며, 매도인이 채무자 또는 배우자의 직계존비속·형제인 경우 계약금, 중도금 등 실질적 대금지급내역을 입증하지 않으면 취급 불가

② 상속·증여로 주택(분양권 제외)을 취득한 경우 상속·증여 등기일로부터 3개월 이내일지라도 보전용도로 분류

2. 보전용도

① 담보주택의 건물에 대한 소유권 이전(보존) 등기일로부터 3개월을 경과하여 30년 이내에 대출 신청한 경우

② 위 ①에도 불구하고 담보주택에 대한 임차보증금 반환용도에 한하여 임차보증금 잔액 이내 취급 가능

3. 상환용도

① 구입 또는 보전용도의 기존 주택담보대출을 상환하기 위해 대출 신청한 경우

② 기존대출의 채무자와 보금자리론의 채무자는 동일인이어야 하나, 배우자의 경우 동일인으로 간주

4. 적용순위

① 자금용도가 중복될 경우 구입용도, 보전용도, 상환용도를 순차적으로 적용

② 위 ①에도 불구하고 기존 주택담보대출을 상환하기 위하여 같은 대출의 잔액범위 내에서 대출을 신청한 경우에는 상환용도를 우선하여 적용 가능

5. 이용횟수

2023년 1월 30일 이후 취급된 경우 자금용도에 관계없이 이용횟수는 1회로 제한(배우자 실행건 합산)

제4장
대출요건

1. 대출한도

① 담보주택 당 5억원 이내 (1백만원 단위로 취급)

② 대출한도 내 대출승인금액에 따른 전결기준은 [별표1]에 따름

2. 대출만기

① 10년, 15년, 20년, 30년, 40년, 50년 중 선택 가능

② 40년, 50년 만기는 신청일 현재 채무자 또는 담보주택이 아래의 요건 중 어느 하나를 충족하는 경우 취급 가능

대출만기		요건
40년	채무자	만 39세 이하 또는 신혼가구
	담보주택	2등급 이상의 녹색건축 인증*을 받은 주택(이하 '녹색건축물')
50년	채무자	만 34세 이하 또는 신혼가구

* 「건축법」 및 「녹색건축 인증에 관한 규칙」에 따라 지정된 인증기관에서 2등급 이상의 "녹색건축(예비)인증서"를 받은 경우. 인증기관은 녹색건축인증제 G-SEED통합운영시스템(www.gseed.or.kr)에서 확인 가능하며, 국토안전관리원, 크레비즈인증원, 한국부동산원 등이 해당

3. 상환방식

① 원리금 균등분할상환, 원금 균등분할상환, 원리금 체증식 분할상환 중 택일 가능

② 원리금 체증식 분할상환방식은 만 39세 이하 채무자 및 공사가 사전심사한 경우에 한해 취급 가능하며 50년 만기 적용 불가

③ 대출 실행 후에는 원금상환방식 변경 불가

4. 대출금리

① 일반형 : 대출만기별로 공사가 별도 제시하는 대출금리

② 우대형 : 주택가격 6억원 이하이면서 부부 합산 연소득 1억원 이하인 경우 공사가 별도 제시하는 대출금리

③ 신청일부터 실행일까지 금리를 비교하여 가장 낮은 금리를 적용하며, 공사가 사전심사하는 경우 양수확약통지(이하 '확약통지') 상의 금리 적용

5. 우대금리

· 아래 표에 따라 우대금리를 적용하며, 최대 0.8%p를 한도로 중복적용 가능

① 전자약정 및 전자등기 우대금리는 추가로 중복적용 가능

② 전세사기피해자 우대금리가 0.8%p 이상인 경우 전자약정 및 전자등기 우대금리를 제외한 다른 우대금리는 중복적용 불가

적용대상	적용요건	우대금리
전자약정 및 전자등기	아낌e-보금자리론	0.1%p
저소득청년	제7장 4.담보주택의 평가에 따른 담보주택 평가액(이하'담보주택평가액') 6억원 이하이면서 부부 합산 연소득 6천만원 이하로 채무자가 신청일 기준 만 39세 이하인 경우	0.1%p
신혼가구	① 담보주택 평가액이 6억원 이하이면서 부부 합산 연소득 7천만원 이하로 신	0.2%p

		청일 기준 혼인관계증명서상 혼인신고일(동일한 배우자와 최초 혼인 후 재혼한 경우 최초 혼인일)이 7년 이내인 가구로서 결혼예정가구를 포함 ② 주택면적 85㎡이하. 다만, 「국토의 계획 및 이용에 관한 법률」에 따른 수도권을 제외한 도시지역이 아닌 읍 또는 면지역은 100㎡ 이하	
사회 적 배려 층*	한부모가구	① 담보주택 평가액이 6억원 이하이면서 부부 합산 연소득 6천만원 이하 ② 주택면적 85㎡이하. 다만, 「국토의 계획 및 이용에 관한 법률」에 따른 수도권을 제외한 도시지역이 아닌 읍 또는 면지역은 100㎡ 이하 ③ 다자녀가구는 위 ①과 ②에도 불구하고 부부 합산 연소득 7천만원 이하이며, 주택면적요건 미적용	각항목별 0.4%p 최대2가지 항목 중복적용 가능
	장애인가구		
	다문화가구		
	다자녀가구		

* 신청일 기준 아래의 [사회적 배려층으로 보는 경우]를 충족하는 경우

녹색건축물	담보주택이 녹색건축물에 해당	0.1%p
미분양관리지역 내 미분양주택 입주자	① 담보주택 평가액이 6억원 이하이면서 부부 합산 연소득 8천만원 이하로 서울특별시·인천광역시·경기도를 제외한 미분양 관리지역** 내 미분양 아파트를 최초 구입하는 경우로서, 신청일 현재 무주택자(일시적 2주택자 허용하지 않음) ② 채무자 또는 배우자가 위 담보주택의 최초 수분양자로서, 분양계약서상 분양계약일이 아래 중 어느 하나에 해당 (i)공부상 (임시)사용승인일 또는 소유권보존등기일 이후 (ii)입주자 모집공고상 최초 공급계	0.2%p

	약 체결일로부터 60일 경과 시	

** 미분양관리지역(국토교통부가 발표) 여부는 전산으로 별도 관리하며, 미분양 아파트 여부는 채무자 또는 배우자의 분양계약체결시기로 판단

전세사기피해자	제14장에서 정하는 전세사기피해자에 해당하는 경우	공사가 별도제시

[사회적 배려층으로 보는 경우]

1. 한부모가구 : 「한부모가족지원법」에 따라 신청인이 한부모가족증명서 발급대상인 가구(공공데이터를 통해 확인되는 경우 포함)
2. 장애인가구 : 신청인 또는 배우자, 신청인(배우자 포함)의 직계존비속 중 1인 이상이 장애인증명서, 국가유공자확인원(전상군경, 공상군경, 4·19 혁명부상자, 공상공무원, 국가사회발전 특별공로상이자, 6·18자유상이자, 전투종사군무원상이자) 발급대상인 가구 또는 국가보훈부로부터 지원공 상군경, 재해부상군경, 재해부상공무원, 지원공상 공무원임을 확인받은 가구(공공데이터로 확인되는 경우 포함). 다만, 직계존비속(미성년자인 직계비속 제외)은 신청일 현재 주민등록등본 상 신청인(배우자 포함)과 동일세대 구성기간이 계속해서 1년 이상(합가일 기준)인 경우에 한함
   ※ 장애인 본인(배우자가 장애인일 경우 배우자, 제3자가 장애인일 경우 제3자)에 대하여 "개인(민감)정보 수집·이용·조회·제공 동의서(선택적 동의)"(별지23)를 반드시 징구
3. 다문화가구:「다문화가족지원법」제2조 제1호에 따라 다음 중 어느 하나에 해당하는 경우
   1) 신청인(배우자)이 귀화자로서 배우자(신청인) 또는 자녀가 대한민국 국민
      * 신청인과 배우자가 모두 귀화자인 경우 포함
   2) 신청인(배우자)이 외국국적동포로서 배우자(신청인) 또는 자녀가 대한민국 국민
      * 배우자가 외국인인 경우 포함하나, 신청인과 배우자가 모두 외국인(외국국적동포)인 경우 제외
   3) 신청인(배우자)의 부모 중 1명이 귀화자이거나 외국인(외국국적동포 포함)
      * 다만, 배우자의 부모가 귀화자이나 외국인일 경우 신청인과 동일세대를 구성하여야 함
   4) 신청인과 동일세대를 구성하는 직계비속의 배우자가 귀화자이거나 외국인(외국국적동포 포함)
4. 다자녀가구 : 신청인(배우자)의 만 19세 미만 자녀가 3인 이상(세대분리된 자녀 포함)인 가구

제5장
DTI 및 DSR

1. DTI (총부채상환비율)

· 60% 이내

1) 담보주택 소재지가 조정지역인 경우 10%p 차감하여 적용

※ 조정지역 : 조정대상지역 중 과열지역, 투기지역, 투기과열지구

   (1) 조정대상지역 중 과열지역 :「주택법」제63조의2 제4항에 따라 국토교통부장관이 고시

   (2) 투기지역 :「소득세법」제104조의2의 규정에 따라 기획재정부장관이 지정

   (3) 투기과열지구 :「주택법」제63조의 규정에 따라 국토교통부장관 또는 시 · 도지사가 지정

2) 위 1)에도 불구하고 실수요자 또는 생애최초 주택구입자 또는 전세사기피해자에 해당하거나 임차보증금 반환용도인 경우에는 차감 적용하지 않음

3) 위 2)의 실수요자는 자금용도가 구입용도로서 아래 항목을 충족하는 경우를 의미

   ① 부부가 신청일 현재 제2장 2. 주택보유수 확인 및 관련 유의사항에 따른 무주택자로서 담보주택 가격이 8억원 이하

   ② 부부 합산 연소득 9천만원 이하

4) 위 2)의 생애최초 주택구입자와 전세사기피해자 해당 여부는 각 제11장, 제14장에서 정하는 바에 따름

2. DTI 산정방법

1) 채무자 본인의 소득·부채를 기준으로 DTI를 산정하되, 배우자 소득 합산 시 배우자 부채를 함께 DTI에 반영하며, 아래 산식에 따라 산출

- $\text{DTI} = \dfrac{\left(\begin{array}{c}\text{주택담보대출}\\\text{연간 원리금상환액}\end{array} + \begin{array}{c}\text{기타부채}\\\text{이자 상환 추정액}\end{array}\right)}{\text{연소득}} \times 100$

(1) 주택담보대출 연간 원리금 상환액의 산출

① 주택담보대출 = 본건 보금자리론[18] + 동일 금융기관에서 실행예정인 기금주택 담보대출 및 보금자리론 + 기존 주택담보대출(중도금대출 포함) + 나라사랑 대출(실행예정 포함) - 상환예정인 주택담보대출 잔액

② 채무자 및 소득을 입증하는 배우자가 보유한 모든 주택담보대출의 원리금 상환액을 반영하며, 한국신용정보원에서 계산한 연간 원리금 상환액을 기반으로 산출

③ 위 ②에도 불구하고 본건 보금자리론을 공사가 사전심사하는 경우, 채권관리자가 공사인 기존 주택담보대출 또는 한국신용정보원 전산에 미반영된 나라사랑 대출의 연간 원리금 상환액은 공사 전산상의 금액을 반영

(2) 기타부채 이자상환 추정액의 산출

① 기타부채 = 한국신용정보원 신용정보조회서 상의 주택담보대출을 제외한 모든 대출(현금서비스 포함) - 상환예정된 기존 전세자금대출

---

18) 상환방식별 연간 원리금상환액은 전체 원금상환 기간의 연평균 원리금 상환액을 적용. 다만, 근로소득자인 채무자(타 유형 소득이 함께 존재하는 경우는 제외)가 체증식 상환방식을 선택한 경우에는 초기 10년간(만기가 10년인 경우 5년간)의 원리금상환액을 연평균(거치기간이 있는 경우 그 종료시점부터 계산)하여 적용

잔액 – 예적금잔액 이내의 예적금담보대출

② 채무자 및 소득을 입증하는 배우자가 보유한 모든 기타부채의 이자상
환 추정액을 반영하며, 기타부채에 추정금리(공사의 서면통지)를 곱
하여 산출

③ 위 ②의 추정금리는 한국은행고시 예금은행 가중평균 가계대출금리
(잔액기준)에 1%p를 가산하여 산출

④ 추정금리와 기타부채는 승인일을 기준으로 적용

※ DTI 산정 관련 주요 업무처리방법

1. 기존 주택담보대출(중도금대출 포함) 및 기타부채 : 대출상환내역이
한국신용정보원 전산에 미반영되어, 신용정보조회서와 실제 대출현황
이 다른 경우에는 부채현황표(금융거래확인서)로 입증하여 주택담보
대출의 연간 원리금상환액 및 기타 부채를 산정하되, 관련 증명자료
는 보관(이하 동일)

- 기존 전세자금대출 : 부채현황표(금융거래확인서)로 확인하되, 부채현
황표 등에 전세자금 여부가 확인되지 않는 경우에는 통장 사본을 함
께 징구하여 확인

- 예적금담보대출 : 부채현황표(금융거래확인서) 등 증명자료징구 확인

- 실행예정 기금주택담보대출 : 대출거래약정서, 근저당권설정계약서 등
징구하여 확인

- 나라사랑대출 : 아래 표에 따른 서류로 확인

구 분	실행예정	실행완료
위탁 방식 (국민·농협은행 취급)	부채현황표 (금융거래확인서)	대출거래약정서, 근저 당권설정계약서
직접 방식 (국가보훈부 취급)	대부사실확인원	차용금증서, 근저당권 설정계약서

2. 신용정보조회서, 예적금담보대출 증명자료 및 부채현황표 등 보관

3. 상환예정된 기존 주택담보대출의 경우는 본건 대출 기표일까지 상환 명세 증명자료 징구하여 보관

3. DSR(총부채원리금상환비율)

1) DSR은 차주의 총 금융부채 상환부담을 판단하기 위한 차주의 연간 소득 대비 연간 금융부채 원리금 상환액 비율로서 아래 산식에 따라 산출

■ DSR $= \dfrac{\left(\begin{array}{c}\text{주택담보대출} \\ \text{연간 원리금상환액}\end{array} + \begin{array}{c}\text{기타부채의} \\ \text{연간 원리금상환액}\end{array}\right)}{\text{연소득}} \times 100$

  (1) '주택담보대출 연간 원리금 상환액' 및 '연소득'의 산정 등은 본 장 2. DTI 산정방법을 준용

  (2) '기타부채 연간 원리금상환액'은 한국신용정보원 등 외부기관의 정보를 사용하여 아래 산식에 따라 산출

■ 기타부채[19] 연간 원리금 상환액 $= \dfrac{\text{대출잔액}}{\text{대출만기}+(\text{대출잔액}\times\text{대출금리})}$

2) 신규대출 취급 시 DSR을 참고지표로 활용하며, 70% 초과시 [별표1]에 따라 전결권 상향

---

19) 상환예정 대출은 기타부채 잔액에서 제외

제6장
소득산정 및 재직·사업영위 확인

1. 소득의 종류

1) '증빙소득'은 소득금액이 객관적인 자료(소득금액증명원 등)로 입증되는 모든 소득(근로·사업·연금·기타소득)을 합산한 종합소득

2) '인정소득'은 국민연금 또는 건강보험료 납부내역을 활용해 추정한 소득

3) 증빙소득의 입증을 원칙으로 하나, 소득의 입증이 어려운 경우에 한하여 본 장 5. 인정소득에 따른 연소득 산정 및 입증 방법에 따라 연소득 산정 허용

2. 증빙소득의 연소득 산정방법

1) 채무자 및 소득을 입증하는 배우자의 최근 2개년 증빙소득을 확인하여 연소득 산정

   (1) 채무자의 증빙소득 적용을 원칙으로 하되, 배우자 증빙소득과 합산 가능

   (2) 우대금리 적용 등 부부 합산 연소득 확인이 필요한 경우 채무자와 배우자의 소득을 합산

   (3) 2개 이상의 소득원을 유지중인 경우 각 소득별 최근 2개년 증빙소득을 확인

2) 연소득은 '연도별 과세전 연소득', '1년간 연소득'으로 산정

   ○ 1년 미만 소득은 근로소득, 사업소득, 연금소득에 한해 일할[20]하여

---

20) 연간일수는 365일로 하되 윤년의 경우 366일로 적용하며, 초일산입 및 소수점 이하 절사

연환산

3) 2개년 증빙소득의 차이[21]를 계산하여 20% 초과 여부에 따라 연소득 산정

   (1) 20% 이하 : 최근년도 소득

   (2) 20% 초과 : 2개년 평균소득

   (3) 위 (2)에도 불구하고 증감한 소득이 지속가능성을 가진 상시소득(이하 '상시소득')인 경우 최근년도 소득으로 연소득 산정

4) 소득발생기간이 1년 초과~2년 미만인 경우 1년 미만 소득을 연환산하여 비교

※ 2개년 소득확인이 가능한 경우의 연소득 산정방법 예시
□ 채무자가 입증한 서류에 따라 합리적인 방법을 선택하여 심사

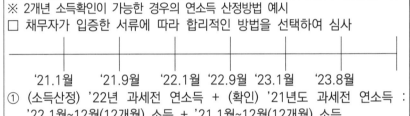

'21.1월   '21.9월   '22.1월 '22.9월 '23.1월   '23.8월

① (소득산정) '22년 과세전 연소득 + (확인) '21년도 과세전 연소득 : '22.1월~12월(12개월) 소득 + '21.1월~12월(12개월) 소득
② (소득산정) 최근 1년간 연소득 + (확인) 최근 1개년 소득의 전년도 1개년 연소득 : '22.9월~'23.8월(12개월) 소득 + '21.9월~'22.8월(12개월) 소득
③ (소득산정) '23년 과세전 연소득 + (확인) '22년 과세전 연소득 : '23.1월~'23.8월(8개월) 소득 연환산(사업소득은 선택) + '22.1월~12월(12개월) 소득

※ 지속가능성을 가진 상시소득의 판단
1. 근로소득인 경우(휴·복직자)에는 상시소득으로 간주하되, 근로계약기간이 1년 미만으로 확인되는 경우는 제외
2. 사업소득자 등은 채무자가 상시소득임을 입증하는 서류를 통해, 발생

---

21) 산식 : | (최근년도 소득 - 최근년도의 전년도 소득) / 최근년도 소득 | × 100% 〉 20%

시점부터 1년 이상 지속됨이 증빙되면 상시소득임을 포괄적으로 인정
3. 근로소득자 외에도 보험설계사, 시간강사, 기타 사업자 등도 위의 사유
   가 입증되면 상시 소득으로 인정 가능

※ 상시소득 입증 예시
1. 근로소득 : 건강보험자격득실확인서·재직증명서 등
2. 사업소득 : 사업장의 임대차계약서(자가건물은 부동산 등기사항전부증명
   서), 고용계약서 등
3. 연금소득 : 연금증서·연금수급권자확인서 등 지속적인 연금지급 입증 서류
4. 기타소득 : 고용계약서 등(원칙적으로는 상시소득으로 인정하지 않으나,
   근로소득과 유사한 성격의 기타소득임을 입증하는 경우에 한함)

5) 소득발생기간이 1년 이하로 2개년 소득확인이 불가한 경우
   동 1년 이하의 소득을 연환산 후 10% 차감하여 소득 산정(이
   하 '10% 차감소득')

ㅇ 상시소득에 해당하는 경우 소득 차감 미적용

6) 제5장 1. DTI(총부채상환비율)에서 정하는 '실수요자' 소득요
   건 판단 시, '2개년 평균소득' 또는 '10% 차감소득'을 적용하
   는 경우 이를 적용한 소득으로 판단

7) 소득발생기간이 현재 유지중인 소득원을 기준으로 최소 1개
   월 이상이어야 하고, 1년 미만인 경우에는 반드시 연환산

   (1) 사업소득은 계절효과로 인해 연환산이 도리어 소득액을 왜곡
       할 수 있어 연환산 여부를 선택 가능

   (2) 연환산 시에는 재직증명서, 건강보험자격득실확인서 등으로 소
       득입증서류 상의 소득발생기간이 1개월 이상 ~ 1년 미만임을
       채무자가 입증해야 하며, 사업소득은 사업자등록증 상의 개업

일로도 연환산 가능

(3) 소득발생기간(재직기간)은 1개월 이상이나 입증서류상의 수령액이 1개월 미만인 경우 일할 계산하여 연환산 가능

(4) 채무자가 2개 이상의 소득원을 유지중인 경우 각 소득별로 연환산하여 합산

(5) 일용근로소득은 소득금액증명원상의 금액 또는 최근 1년 이내 일용근로소득지급명세서의 합계액을 기준으로 산정하되 객관적인 서류로 근로기간이 입증되는 경우 연환산 가능

(6) 연금소득은 수령증서 상의 연금액 또는 최근 1년 이내 평균 실수령액을 연 환산한 금액

① 연금소득 산정 시 공적연금[22], 기업연금, 개인연금을 포함

② 고용보험에서 지급하는 실업급여(구직급여·상병급여·연장급여·조기재취업수당·직업능력개발수당·광역구직활동비·이주비) 제외

※ 소득원별 연간소득 산정방법 예시

소득원	서류명칭	연소득 산정방식
근로소득	소득금액증명원 또는 소득확인 증명서(ISA용)	■ 1년 소득확인 시 : 증명원 상 수입금액 또는 지급받은 총액 ■ 1년 소득확인 불가시 :득합계 ÷ 해당 근무일수 × 연간일수
	근로소득원천징수영수증	■ 1년 소득확인 시 : 영수증 상 근무처별 소득명세의 현 근무지 소득 계

22) 군인연금, 공무원연금, 사립학교교원연금, 국민연금(노령연금, 장해연금, 유족연금 등) 등 공적기관이 지급하는 모든 종류의 연금소득(기초생활수급비, 국가유공자 보상금, 보훈급여 등 연금 형식으로 지급하는 각종 보상금과 수당 등을 포함)

		■ 1년 소득확인 불가시 : 소득합계 ÷ 해당 근무일수 × 연간일수
	급여명세표 등(임금대장, 근로소득원천징수부 등 급여내역이 포함된 증명서)	■ 1년 소득확인 시 : 1개월 합계금액 ■ 1년 소득확인 불가 시: 월별합계금액÷해당근무일수 × 연간일수
사업소득	소득금액증명원	■ 증명원상 소득금액(연환산 선택)
	연말정산용 사업소득 원천징수영수증	■ 영수증상 소득금액(연환산 선택)
	거주자의 사업소득 원천징수영수증	■ 영수증상지급총액×60%(연환산 선택)
	종합소득세 과세표준확정신고 및 납부계산서(세무사 확인분)	■ 계산서상 종합소득금액(연환산 선택)
연금소득	연금수급권자확인서 등 기타 연금을 확인할 수 있는 지급기관의 증명서	■ 1년 소득 확인 시 : 1년간 수령액 합계 ■ 1년 소득 확인 불가 시 : 수령액 합계 ÷ 수령기간일수 × 연간일수
기타소득	소득금액증명원	■ 증명원상 소득금액 또는지급받은 총액

3. 휴직 등 예외적인 경우의 증빙소득 산정방법

1) 신청일 기준 휴직자는 휴직 직전 2개년 증빙소득을 확인한 후 휴직 전 최근년도 소득으로 산정

○ 신청연도를 포함하여 최근 3년내[23])에 연속하여 1개월 이상의 소득 발생이 없는 경우 연소득이 없는 것으로 간주

---

23) (예시) 2023년 2월 신청한 경우 2020년 2월~2023년 1월

2) 본 절에서 달리 정하지 않은 사항은 본 장 2. 증빙소득의 연소득 산정방법에서 정하는 바에 따름

3) 신청일 기준 복직자는 복직 이후 최근년도 소득으로 산정

ㅇ 복직 이후 3개월 미만인 경우에는 휴직자로 간주할 수 있음

4) 신청일 기준 퇴직(또는 폐업)한 경우에는 퇴직증명서, 건강보험자격득실확인서, 폐업증명서 등으로 소득이 없는 것으로 확인되는 경우 연소득이 없는 것으로 간주

5) 건강보험자격득실확인서상 직장가입자의 피부양자인 경우 연소득이 없는 것으로 추정

6) 외국인 배우자가 국내에 없는 경우 별도의 소득입증이 없는 한 연소득이 없는 것으로 추정

7) 해외소득의 산정은 소득 관련 서류에 「재외공관 공증법 시행령」 제32조 제1항에 따른 해외 공관의 영사확인 또는 이에 준하는 공공기관(외국 세무서 등)의 확인을 받거나, 아포스티유[24]* 인증을 받을 경우에는 이를 소득금액증명원으로 간주

ㅇ 해외소득의 원화환산 등은 개별 금융기관의 내규에 따라 처리

4. 증빙소득의 입증방법

1) 근로·사업(부동산 임대소득 포함)·연금·기타소득 등의 모든 종합소득 합산

---

24) 협약가입국 사이에서 영사확인 등의 공문서 인증절차를 폐지하고 공문서 발행국가가 동 문서를 인증하는 제도로 우리나라와 미국, 영국, 독일 등 92개국이 가입

ㅇ 여러 종류의 소득을 합산하는 경우에는 종합소득금액증명원의 소득
액과 다른 입증방법에 의한 소득액이 중복 산정되지 않도록 유의

2) 건강보험자격득실확인서를 필수 징구하여 소득 종류(근로, 사
업소득)를 확인하되, 신청인이 소득 및 재직(또는 사업영위)서
류를 별도 입증하는 경우에는 이에 따라 심사

3) 근로·사업소득의 경우 과세신고하였으나 아직 전년도 소득입
증자료가 발급되지 않는 경우 전전년도 소득입증자료로도 연
소득 산정 가능

ㅇ 위 3)에도 불구하고 근로소득의 경우 전년도 원천징수영수증이 발
급되는 경우 전전년도 소득입증자료 사용 불가

4) 사업자등록증이 있는 개인사업자가 업종 및 업태는 동일하고
상호만 변경된 신규 사업을 개시한 경우 최근년도 소득금액증
명원 상의 소득을 인정하며, 보험설계사 등이 제출한 최근년
도 소득자료가 현 사업과 동일한 업종 및 업태인 경우에도 해
당 소득을 인정

5) 소득발생기간 충족 여부는 재직증명서, 건강보험자격득실 확
인서 등으로 확인

〈소득종류에 따른 입증서류〉

소득 종류	입증서류
근로 소득	■ 세무서(홈택스) 발급 소득금액증명원, 소득확인증명서(ISA : 서민형 개인종합자산관리계좌가입용) ■ 연말정산용 원천징수영수증*(원천징수부 등 그 실질이 원 천징수를 증명하는 서류) * 원천징수영수증 상 비과세소득 제외 ■급여내역이 포함된 증명서(재직회사가 날인한 급여명세표,

	임금대장 등)
사업 소득	■ 세무서(홈택스) 발급 소득금액증명원, 소득확인증명서(서민 형 개인종합자산 관리계좌가입용: ISA) ■ 연말정산용 사업소득 원천징수영수증* * 연말정산용 사업소득 원천징수영수증은 적용소득률이 고려된 사업소득 금액을 그대로 적용 ■ 거주자의 사업소득 원천징수영수증* * 거주자의 사업소득 원천징수영수증은 적용소득률 60%를 적용한 환산 소득액을 연소득으로 간주..즉, 환산소득액 = 지급총액 × 60% ■ 세무사가 확인한 전년도 과세표준확정신고 및 자진납부계산서
연금 소득	■ 연금수급권자확인서 등 기타 연금수령을 확인할 수 있는 지급기관의 증명서 – 연금수령액이 표기되지 않은 경우는 연금수령통장 사본 추가 – 배우자 명의의 통장에 입금된 연금도 인정 가능 – 통장 분실 등으로 입금 통장 사본 징구가 불가능한 경우에 는 해당 금융기관거래내역서로 확인
기타 소득	■ 세무서(홈택스) 발급 소득금액증명원

5. 인정소득에 따른 연소득 산정 및 입증방법

1) 소득 입증이 어려운 경우 국민연금 또는 건강보험료 납부내역
을 활용해 소득 추정 가능

2) 아래 항목 중 하나 이상에 해당하는 경우 소득 입증이 어려
운 것으로 인정

   (1) 국세청 홈택스의 "사실증명원"(www.hometax.go.kr→국   세
증명·사업자등록·세금관련 신청/신고→사실확인 후 발급증명→
신고사실없음)상 납세신고 사실이 없다는 것이 입증되는 경우

   (2) 연소득 없는 것으로 간주되는 퇴직자(폐업 포함) 또는 연소득
없는 것으로 추정되는 직장가입자의 피부양자인 경우

(3) 전년도 또는 당해연도 사업개시하였으나 입증서류가 발급되지 않는 사업소득자의 경우

(4) 부부 합산 소득이 2천4백만원 이하인 경우

3) 인정소득으로 연소득 산정 시 아래 항목에 따라 소득 추정

(1) 입증서류

납부내역	입증서류
국민연금	■ 공단 발급 "연금산정용 가입내역 확인서"
건강보험료	■ 공단 발급 "건강장기요양보험료 납부확인서" ■ 공단 발급 "건강보험자격득실확인서"* * 건강보험자격득실확인서상 지역가입자의 경우 원칙적으로 지역세 대주인 경우만인정

(2) 입증서류에 의해 소득 추정하는 경우

납부내역	소득 추정 방법
국민연금	■ 연소득=최근 3개월 평균납부보험료÷보험료율* × 12월 × 95% * 연금보험료율은 「국민연금법」에서 정하는 지역가입자 보험료율에 따름
건강보험료	■ 연소득 = 최근 3개월 평균납부보험료* ÷ 보험료율** × 12월 × 95% * 장기요양보험료를 제외한 "건강·장기요양 보험료 납부확인서"상의 건강보험료를 말하며, 종류(지역·직장 및 임의계속가입)가 다른 건강보험간 혼용불가 ** 건강보험료율은 「국민건강보험법 시행령」에서 정하는 직장가입자 보험료율에 1/2을 곱한 요율로 함

(3) 입증서류 없이[25] 소득 추정하는 경우

납부내역	소득 추정 방법
국민연금	■ 연소득 = 기준 소득월액 최근 3개월 평균 × 12월 × 95%
건강보험료	■ 연소득 = 평균 보수월액 최근 3개월 평균 × 12월 × 95%

---

25) 고객 동의하에 국민연금 또는 건강보험 정보를 직접 수집하는 경우

4) 신청일 기준 연금·보험료 미납이 확인되는 경우 소득 추정 불가하나 승인일 기준 미납이 정리된 경우 소득 추정 가능

5) 인정소득으로 연소득 산정시에는 5천만원을 한도로 함

o 실수요자, 우대금리 적용대상 등 우대요건 확인 시 5천만원 한도를 적용하지 않고, 위 3)에 따라 95%를 적용한 소득 추정 금액으로 우대요건 충족 여부 판단

6) 인정소득으로 연소득 산정 시 다른 소득 또는 배우자 소득과 합산 불가

6. 재직 및 사업영위 사실 확인

1) 증빙소득이 근로소득 또는 사업소득인 경우 재직 또는 사업영위 사실을 확인

2) 재직 사실 확인 방법

   (1) 건강보험자격득실확인서로 확인

   (2) 건강보험 적용대상 제외 등의 사유로 건강보험에 가입하지 않은 경우에는 전결권자의 판단에 따라 재직증명서 등으로 확인 가능

3) 사업영위 사실 확인 방법

o 사업자등록증과 국세청 홈페이지(www.nts.go.kr) 또는 공공(마이)데이터 사업자 등록상태 조회를 통하여 사업영위사실 확인

4) 위 2)와 3)의 방법으로 확인이 불가능한 경우 다단계 판매원 등록증, 위촉증명서, 운송사업면허증, 고용계약서와 이와 유사

한 형태의 계약서 등으로 갈음

5) 기타

(1) 일용근로 · 연금 · 이자 · 배당 · 기타 소득의 경우에는 사실 확인 생략 가능

(2) 위 (1)에도 불구하고 일용근로소득을 연환산하거나 신청인이 상시소득임을 증명하는 경우 건강보험자격득실확인서·경력증명서·지급명세서 등으로 소득발생기간 및 현재 유지 여부 확인

(3) 인정소득으로 연소득 산정 시 재직 및 사업영위 사실 확인 생략 가능

제7장
LTV

1. LTV(담보인정비율)

1) 아파트는 70%, 기타주택은 65% 이내

  (1) 담보주택 소재지가 조 정지역인 경우 10%p씩 차감하여 적용

  (2) 위 (2)에도 불구하고 실수요자 또는 생애최초 주택구입자 또는 전세사기피해자에 해당하는 경우 차감 적용 배제

  (3) 위 (1)의 조정지역, (2)의 실수요자는 제5장 1. DTI(총부 채상환비율)에서 정하는 바에 따름

  (4) 위 (2)의 생애최초 주택구입자와 전세사기피해자 해당 여부는 각 제11장, 제14장에서 정하는 바에 따름

2) 다음 어느 하나에 해당할 경우 60% 이내로 제한

  (1) t-보금자리론으로서 CB점수가 271~614점인 경우

  (2) 공사가 사전심사한 보금자리론으로서 MSS점수가 「보금자리론 신용평가시스템(MSS) 운용기준」에서 별도로 정하는 점수인 경우

  (3) 인정소득으로 연소득 산정하는 경우. 다만, 근로소득자에 대한 인정소득은 제외

3) 조정지역인 경우 조정지역의 담보주택별 적용 LTV와 비교하여 가장 낮은 LTV 적용. 즉, LTV = Min(60%, 조정지역의 담보주택별 적용 LTV)

※ 조정지역 여부에 따른 담보주택별 적용 LTV

구　　분	아파트	기타주택
조정지역 외 지역	70%	65%
조정지역*	60%	55%

* 담보주택 소재지가 조정지역이라도 ①실수요자 ②생애최초 주택구입자 ③전세사기피해자 중 하나에 해당하는 경우 차감 적용 배제

2. LTV 산정방법

· LTV 산식

$$\blacksquare LTV = \frac{대출금액 \ + \ 선순위채권 \ + \ \dfrac{임대보증금 \ 및 \ 최우선 \ 변제}{소액임차보증금}}{담보주택 \ 평가액} \times 100$$

(1) 대출금액 : 본건 보금자리론 신청 금액

(2) 선순위채권 : 본건 보금자리론보다 우선변제권이 인정되는 저당채권

① 저당권 설정액을 기준으로 반영

② 위 ①에도 불구하고 공사가 사전심사하거나 양수한 내집 마련 디딤돌 대출 또는 보금자리론인 경우에는 대출잔액을 반영. 다만, 연체 없이 정상 상환 중인 경우에 한하여 선순위 채권으로 인정

(3) 임대보증금 및 최우선변제 소액임차보증금은 아래 표의 담보 주택 유형별 공제방수를 적용하여 산출

구 분	전체 방수 중 임대차 없는 방수	적용대상 공제방수
아파트	1개 이상	방수공제 없음
연립주택, 다세대주택	1개 이상	1개
단독주택*	1개	1개
	2개 이상	n**개×2/3

* 수도권 3억원 이하, 지방 2.5억원 이하 저가주택은 임대차 없는 방수가 3개 이하이면 1개, 4개 이상이면 2개를 공제

** 임대차 없는 방수

① 아파트의 경우 승인일 현재의 지역별 최우선변제 소액임차보증금을 감안하지 않음

※ 전부 또는 일부 임대차 있는 아파트는 임대보증금액만을 고려하여 LTV 산출

② 최우선변제 소액임차보증금에 대해 공사에서 구입자금보증에 관해 별도로 정한 내규에 따라 구입자금보증 적용 가능

3. 임대보증금 및 최우선변제 소액임차보증금

1) 임대차 및 무상거주인의 확인

(1) 주택 면적이 차지하는 비중이 1/2 이상인 복합용도 건축물 취급 시 주택 부분과 상가 부분의 임대차를 각각 확인

(2) 무상거주인이 있는 경우 퇴거조치(주민등록표 등본과 전입세대 열람으로 확인)하거나 "무상거주 사실확인서"(별지8) 징구하면 임대차가 없는 것으로 간주

ㅇ 무상거주인이 미성년자이거나 채무자의 배우자 또는 채무자와 배우자의 직계존비속(직계존비속의 배우자 포함)으로 입증될 경우 "무상거주 사실확인서"(별지18) 생략

※ 임대차 및 무상거주인의 확인 관련 업무처리방법
1. 확인서 징구 시에는 무상거주인의 인감증명서 또는 신분증을 함께 징구하여 향후 법적 분쟁을 방지(양수도 시에 공사로 이관)
2. 저당권 설정 시에 반드시 전입세대 열람하여 임대차 조사시점과 저당권 설정시점의 차이로 인하여 임차보증금이 누락되지 않도록 유의. 다만, 대출실행 시에 본건 저당권 설정일자에 우선하는 전입세대가 존재한 경우에도 양수대상 자산선정기준일까지만 전출사실이 확인되면 양수 가능
3. 공사가 사전심사하는 경우 "무상거주 사실확인서" 징구 생략 대상자 이외의 자에 대하여 "무상거주 사실확인서"를 징구하지않아도 가장임차에 의한 배당요구의 우려가 없다고 지사장이 인정하는 경우 "무상거주 사실확인서" 징구 생략 가능

---

2) 아래와 같이 임대차 현황에 따라 임대보증금 및 최우선변제 소액임차보증금을 산출

임대차 현황	임대보증금 및 최우선변제 소액임차보증금
임대차가 없음	Min(공제방수×지역별 최우선변제 소액보증금*, 주택 평가액×1/2) * 「주택임대차보호법」에 따른 지역별 최우선변제 소액임차보증금 (이하 '지역별 소액보증금')
상가 부분 (복합용도 건축물)	Min(전체 사업장수×지역별 최우선변제 상가 소액보증금**, 상가 평가액×1/2) ** 「상가건물임대차보호법」에 따른 지역별 최우선변제 상가 소액임차보증금 (이하 '지역별 상가 소액보증금')
전부 임대차	임대보증금 전액. 다만, 임대보증금〈주택 평가액×1/2 경우 Max{Min(전체방수×지역별 소액보증금, 주택 평가액×1/2), 임대보증금}
상가 부분 (복합용도 건축물)	상가 임대보증금 전액 다만, 상가 임대보증금〈상가 평가액×1/2 경우 Max{Min(전체 사업장수×지역별 상가 소액보증금, 상가 평가액×1/2), 상가 임대보증금}
일부 임대차	임대보증금 + Min(공제방수×지역별 소액보증금, 주택 평가액×1/2) 다만, 임대보증금 〈 임대방수×지역별 소액보증금 경우 임대방수×지역별 소액보증금+Min(공제방수×지역별 소액보증금, 주택 평가액×1/2)
상가 부분 (복합용도 건축물)	상가 임대보증금+Min(미임대 사업장수×지역별 상가 소액보증금, 상가 평가액×1/2) 다만, 상가 임대보증금〈임대 사업장수×지역별 상가 소액보증금 경우 임대 사업장수×지역별 상가 소액보증금+Min(미임대 사업장수×지역별 상가 소액보증금, 상가 평가액×1/2)

4. 담보주택의 평가

1) 담보주택의 평가액은 대출승인일 현재의 '가격정보', 「부동산 가격공시에 관한 법률」의 주택 공시가격(이하 '공시가격'), '분양가액', 「감정평가 및 감정평가사에 관한 법률」의 감정평가액(이하 '감정평가액')순서로 적용

(1) 가격정보를 이용한 평가방법

① KB국민은행 시세정보의 일반평균가를 우선 적용하되, KB국민은행 시세정보가 없는 경우 한국부동산원(부동산테크) 시세정보의 하한평균가와 상한평균가를 산술평균한 값을 적용[26](이하 '시세정보')

② 구입용도인 경우 매매가액[27](낙찰가액, 분양계약서 상 실매매액 등 매수인이 실제 지급한 금액)과 시세정보를 추가로 비교하여 낮은 금액을 가격정보[28]로 간주

(2) 공시가격을 이용한 평가방법

① 주택에 대하여 국토교통부장관(지자체장)이 평가·공시한 가격을 적용

② 가격정보가 없어 공시가격으로 담보주택 평가 시 대출한도가 부족한 경우 공시가격이 없는 것으로 보고 공사 부담으로 감정평가 실시 가능

(3) 분양가액을 이용한 평가방법

① 가격정보가 없고, 아래 [분양가액을 적용하는 신규입주아파트 요건]을 모두 충족하는 신규입주아파트에 대한 최초 잔금대출 취급 시에는

---

26) 필로티 여부를 불문하고 부동산 등기사항전부증명서에 따른 아파트의 최저층(1호, 101호 등)과 기타주택은 하한가 적용

27) 매매계약서를 징구하여 확인하되, 소유권이전 후 대출신청하는 경우 부동산 등기사항전부증명서상 거래금액 준용. 또한 재건축 재개발조합, 주택조합 등의 조합원 보유분인 경우 권리가액, 추가분담금을 포함하여 매매가액 산정

28) 동일 담보주택에 대해 내집마련 디딤돌 대출과 보금자리론을 함께 심사하는 경우 상품별 '가격 정보를 이용한 평가 방법'을 각각 적용하여 대출가능금액 최종 산정

분양가액을 담보주택 평가액으로 적용

② 분양전환 임대아파트에 대한 잔금대출 취급 시에도 적용 가능

③ 투기지역 및 수도권 투기과열지구 소재 주택에 대한 잔금대출은 적용
불가

④ 분양가액 산정 시 유의사항

 i) 재건축 재개발조합, 주택조합 등의 조합원 보유분인 경우 권리가액,
추가분담금을 포함하여 분양가액을 산정

 ii) 할인분양 등으로 분양가액과 실제 계약금액이 상이한 경우 이 중
낮은 금액을 분양가액으로 적용

 iii) 발코니 확장비용 포함

(4) 감정평가액을 이용한 평가방법

① 공사와 협약을 체결한 감정평가업자의 감정평가서 상 감정평가액

② 선순위 내집마련 디딤돌 대출이 있는 경우 주택도시보증공사(HUG)와
협약을 체결한 감정평가업자의 감정평가서[29]상 감정평가액을 적용할
수 있음

③ 아파트에 한하여 공동주택가격자문서 담보가액을 감정평가액으로 간주

④ 위 ①과 ②의 감정평가서와 ③의 공동주택가격자문서의 발급일은 대
출신청일로부터 6개월 이내이어야 함

⑤ 가격정보 또는 분양가액을 적용할 수 있음에도 불구하고, 채무자가

---

29) 감정평가서 발급일이 대출신청일로부터 6개월 이내

감정평가수수료를 부담하면 감정평가액 우선 적용 가능

ⅰ) 구입용도인 경우에는 매매가액이 시세정보 또는 분양가액(분양권 전매의 경우, 이하 동일)보다 높은 경우에 한하여 감정평가 가능

ⅱ) 평가결과 감정평가액이 시세정보 또는 분양가액보다 크면 감정평가액 적용 가능하며, 시세정보 또는 분양가액이 크면 각각 시세정보 또는 분양가액 적용

⑥ 가격정보 또는 분양가액이 9억원을 초과하면 감정평가 신청 불가

제8장
담보주택

1. 고가주택 취급제한

· 승인일 현재 담보주택의 평가액이 9억원을 초과하는 주택은 취급 불가

  ㅇ 구입용도의 경우 시세정보, 감정평가액, 매매가액(낙찰가액, 분양계약서상 실매매액 등 매수인이 실제 지급한 금액)중 어느 하나라도 9억원을 초과하는 주택은 취급 불가

2. 담보주택의 유형

· 공부상 주택으로 실제 주거용으로 사용되는 아파트(주상복합아파트 포함), 연립주택, 다세대주택, 단독주택만 가능

  (1) 공부는 부동산 등기사항전부증명서를 기준으로 하되, 공부 확인이 불분명한 경우는 건축물대장으로 확인하며, 신규입주 아파트에 대한 잔금대출 취급 시 공부상 확인이 불가한 경우 분양계약서로 확인

  (2) 공부상 주택이 아닌 경우(주거용 오피스텔, 근린생활시설, 숙박시설 등)는 취급불가

  (3) 복합용도 건축물(공부상 '근린생활시설 및 주택' 또는 '상가 및 주택' 등으로 표시된 근린주택, 상가주택, 점포주택 등)은 주택면적이 1/2 이상인 경우 주택으로 보아 취급 가능

  (4) 실주거용 확인은, 아파트의 경우 생략할 수 있으며, 기타 주택의 경우 감정평가서의 조사내용을 준용할 수 있음

3. 제3자 담보제공

· 채무자와 소유자가 다른 경우 소유자를 담보제공자로 하여 근저
당권 설정

   (1) 제3자 담보제공은 배우자 또는 담보주택의 매도인으로 한정

   (2) 공동명의 주택은 부부 전체 지분에 대해 근저당권을 설정하
며, 배우자 외의 제3자 지분이 포함된 경우에는 취급 불가

4. 권리침해 확인

· 건물 또는 토지(대지 지분권 포함)에 대한 경매, 가압류, 가처
분, 가등기 등의 법적절차 진행 여부를 확인

ㅇ 양수대상 자산선정기준일에 법적절차 진행 중인 경우 하자있는 자산
으로 양수대상에서 제외

   - 다만, 공사가 사전심사 시 저당권 설정일에 진행 중인 법적절차
가 없었다면 양수 가능하며, 저당권 설정일에 법적절차가 진행
중으로 하자 있는 자산이라도 양수대상 자산선정기준일까지 하
자가 치유되는 경우 양수 가능

5. 임대차 조사

   1) 저당권 설정 시 담보주택에 대한 전입세대 유무를 열람하고
복합용도 건축물의 상가부분은 임차인 전부에 대하여 관할 세
무서장이 발급한 상가건물 임대차현황서를 징구하여 임대차계
약서와 일치 여부 확인

2) 채무자 세대 외의 전입세대 있는 경우에는 반드시 주택 및 상가(복합용도 건축물의 경우)의 임대차 현황(임대차보증금액 또는 전세금액)을 조사

3) 임대차 조사 관련 서류는 양수도 시 공사로 이관

4) 공사가 사전심사하는 경우 채무자가 온라인으로 작성한 대출 상담신청 내역과 임대차계약서 사본에 의해 심사

 (1) 채무자의 주민등록표 등본으로 무상거주인 여부도 확인

 (2) 사전양수 확약통지를 받은 금융기관은 저당권 설정 시에 위 1)과 2)에서 정하는 전입세대열람 등을 실시하여 확약내역과 의 일치 여부 확인

제9장
저당권 설정

1. 저당권 설정계약

1) 대출 원금의 110% 이상을 한정 근담보(근저당권)로 설정

2) 채무자와 소유자가 다른 경우 소유자를 담보제공자로 하여 근저당권 설정

 (1) 배우자 또는 매도인이 담보제공하는 경우에는 배우자 또는 매도인을 저당권설정자로 하여 설정계약서 작성

 (2) 위 (1)에서 정하는 설정계약서는 "근저당권설정계약서"(별지 12)를 의미

2. 1순위 한정근저당권의 설정

1) 양수대상 자산선정기준일 기준 본건 저당권보다 우선하는 제한 물권 없을 것. 다만, 아래 항목은 본건 저당권보다 우선 가능

 (1) 전세권 또는 공공 목적으로 행정관청 등 공공기관이 설정한 지상권 · 지역권의 경우

 (2) 선순위 저당권이 주택도시기금대출, 공사 보금자리론, 나라사랑대출인 경우. 다만, 공사 보금자리론은 아래 항목 중 하나를 충족해야 함

 ① 선순위 보금자리론과 후순위 보금자리론의 취급 금융기관 및 채무자가 동일[30]

 ② 선순위 보금자리론과 후순위 보금자리론이 모두 공사가 사전심사하는 경우로서 채무자가 동일[31](취급 금융기관이 상이해도 가능)

---

30) 부부는 동일인으로 간주
31) 부부는 동일인으로 간주

(3) 본건 저당권보다 우선할 수 있는 제한물권이 2건 이상 존재하는 경우에도 본건 보금자리론을 후순위로 취급 가능

> ※ 선순위저당권 확인 방법
> 주택도시기금대출 여부는 전산심사화면으로 확인하며, 확인 불가 시 해당 은행에 유선 확인 후 "대출상담 및 신청서"(별지4,5) 하단에 확인내용 기재(확인자, 확인일시, 전화번호,수화자 성명 등)

3. 설정대상 및 시기

1) 저당권은 토지와 건물에 모두 설정되어야 하나, 구획미정리 등의 사유로 토지가 미등기된 아파트의 경우 토지등기 완료 후 추가근저당권을 설정하는 토지 후취담보 조건으로 건물에 대한 저당권 설정만으로 취급 가능

> ※ 토지미등기 아파트 취급 시 업무처리방법
> 토지미등기 아파트의 경우는 "대출거래약정서"(별지7,9)에 토지후취담보에 관한 특약을 작성하고, 양수도 이전에 토지등기가 완료될 경우에는 토지에 대한 추가근저당권 설정

2) 건물 자체가 미등기 상태일지라도 금융기관 내규에 따라 건물등기 완료 후 저당권을 설정하는 후취담보로 잔금대출을 취급하는 경우 사용승인 이후 대출실행 및 양수도 시까지 담보를 취득하는 조건으로 취급 가능

ㅇ 후취담보로 잔금대출을 취급하는 경우 이 기준 [별표1]에 따라 전결권자(지사장)의 별도 승인을 얻은 후 심사

3) 아파트의 집합건물 등기사항전부증명서에 "토지에 별도등기 있음"이라고 기재된 경우 해당 토지 등기사항전부증명서를 확인하여 근저당권 또는 지상권 등의 제한물권이 해지(세대별

해지 포함)된 후 취급 가능

4. 기존 근저당권의 활용

· 아래 (1)~(3)을 확인하여 보금자리론으로 전환 시 근저당권의
  이용 또는 유용가능

  (1) 설정계약의 피담보채무에 부합하는 이용과 달리 본건 대출(주
      택담보대출 등) 또는 과목이 설정계약서에 포함되어 있지 않
      거나, 임차인 등의 이해관계자가 있는 무효인 근저당권 유용
      시에는 취급 제한

  (2) 복수의 근저당권을 설정하는 경우에는 보금자리론도 복수로
      취급. 즉, 근저당권과 대출계좌를 1대1로 대응

  (3) 기존 근저당권이 특정근담보인 경우에는 활용 불가

  > ※ 기존 근저당권 활용 시 업무처리방법
  > 1. 취급 금융기관의 근저당권설정계약변경 계약서 사용
  > 2. 근저당권 유용 시는 추가적으로 근저당권 유용을 위한 서식 (신청
  >   서, 각서, 등 명칭 불문)을 징구보관하여 향후 법적 분쟁에 대비

제10장
대출 취급 비용 및 채무인수 등

1. 대출 취급 비용

 1) 대출 취급 시 발생하는 근저당권설정비용(임대차조사수수료
    포함)은 공사가 부담하는 것을 원칙으로 하되, 이 중 국민주
    택채권 매입비용은 채무자가 부담

 2) 인지세는 채무자와 공사가 각각 50%씩 부담

 3) 근저당권설정과 관련된 감정평가수수료는 공사가 부담하는 것
    이 원칙. 다만, 가격정보 또는 분양가액을 적용할 수 있음에
    도 불구하고, 채무자가 감정평가수수료를 부담하면 감정평가
    액 우선 적용 가능

 4) 근저당권말소비용은 채무자 또는 설정자가 부담하는 것이 원
    칙. 다만, 개별 계약서에서 별도로 정하는 경우 개별 계약서
    우선 적용 가능

2. 대출서식

 1) 공사 보금자리론 취급과 관련하여서는 공사가 제시한 붙임의
    서식을 이용

 2) 위 1)에도 불구하고 금융기관의 필요에 따라 붙임 서식 이외의 내용
    을 추가 기재할 수 있으며, 실제 사용한 서식을 공사에 사후 통지

3. 처리기한

 1) 대출 승인은 신청일로부터 60일 이내에 처리하며, 기한 경과
    시에는 신청 취소로 간주

2) 대출 실행은 승인일(공사가 사전심사하는 경우는 "확약통지일") 로부터 30일 이내에 처리하며, 기한 경과 시에는 재승인 필요

3) 신청일로부터 90일 경과 시에는 대출 실행 불가

4. 대출계약 철회

1) 대출계약서류를 제공받은 날, 대출계약체결일, 대출실행일 중 나중에 발생한 날부터 14일(기간의 말일이 휴일인 경우 다음 영업일)까지 은행에 서면, 전화, 컴퓨터 통신으로 철회의사를 표시하고 원금, 이자 및 부대비용을 전액 반환한 경우 대출계약 철회 가능

   (1) 공사가 사전심사하는 경우에는 공사 홈페이지 "인터넷금융서비스" 또는 앱(App)으로 철회의사를 표시

   (2) 부대비용에는 근저당권 설정 관련 수수료, 세금 등이 포함되며 아래 항목에 대해서는 금융기관 등이 부담 가능

   ① 근저당권말소비용은 개별 계약서에서 별도로 정하는 경우 그에 따름

   ② 감정평가수수료는 공사가 부담(제7장 4.담보주택의 평가에 따라 채무자가 감정평가수수료를 부담하는 경우 채무자 부담)

2) 대출계약 철회권을 행사한 경우에는 조기(중도)상환수수료가 면제되며 해당 대출과 관련한 대출정보는 삭제

3) 대출계약 철회권의 효력이 발생한 이후에는 취소 불가

4) 대출계약 철회권 행사 횟수 제한

o 동일 은행을 대상으로 최근 1개월 이내에 2회를 초과하여 대출계약을 철회할 수 없음

5. 채무인수

1) 채무인수자에 대하여 다음 요건의 충족 여부만을 확인

   (1) 채무인수자가 민법상 성년일 것

   (2) 채무인수자가 주민등록표 등본에 기재된 대한민국 국민(주민등록을 한 재외국민과 국내거소 신고를 한 외국국적동포를 포함)

   (3) 채무인수자의 개인신용평가[32] 271점 이상

   (4) 채무인수자 또는 그 배우자의 소득 여부[33]

   (5) 채무인수자와 소득 있는 배우자에게 신용유의정보가 없을 것

   (6) 채무인수자 또는 그 배우자가 담보제공자일 것(다만, 상속에 따른 채무인수의 경우 채무인수자 또는 그 배우자 이외 상속인의 담보 제공 가능)

※ 사망에 따른 상속인의 채무인수 시에는 (3)과 (4)의 충족여부 확인을 생략

※ 배우자의 채무인수 시에는 (4)의 충족 여부 확인을 생략하며, (5)의 충족 여부는 채무인수자에 대해서만 확인

2) 채무인수자의 제출서류

   (1) 제2장 3. 심사 시에 제출받는 서류 중 해당 서류

   (2) "채무인수신청서"(별지16) 및 "채무인수약정서"(별지17)

   (3) "근저당권변경계약서"(별지14 또는 15)

---

[32] 신용평가에 따른 LTV 60% 제한을 적용하지 않으며, 공사가 사전심사 한 경우에도 MSS 적용을 배제하고 CB점수로만 평가

[33] '소득 〉 0'이면 LTV와 DTI 확인 생략하나, '소득 = 0'이면 채무인수 불가

(4) 사망에 따른 상속인의 채무인수 시에는 채무자의 사망사실이 기재된 기본증명서, 상속인 자격확인을 위한 가족관계 증명서 추가 제출

3) 우대금리 적용

(1) 채무인수 대상이 되는 기존 보금자리론(이하 '기존대출')에 우대금리가 적용된 경우, 적용된 우대금리 한도 내에서 채무인수 신청일 기준 채무인수자가 우대요건을 충족하는 범위만큼 우대금리 적용 가능

(2) 위 (1)에도 불구하고 사망에 따른 상속인의 채무인수 시에는 채무인수자가 우대요건을 미충족하는 경우에도 기존 우대금리 적용

4) 주택보유수의 확인

(1) 추가주택에 대해 제2장 2. 주택보유수 확인 및 관련 유의사항에서 정한 바에 따름. 다만, 대출실행일은 채무인수 실행일로 적용하며, 대출실행 당시 배우자에게 채무인수 하는 경우 대출실행일로 적용

(2) 위 (1)에도 불구하고 기존대출 신청일 등에 따라 아래와 같이 확인

① 기존대출 신청일이 '18.12.26일 ~ '22.1.13일인 경우 채무인수 실행일로부터 매 3년이 되는 날을 기준(이하 '검증기준일')으로 주택보유수를 확인하여 추가주택이 발견된 경우 검증기준일로부터 1년[34]을 적용

② 기존대출 신청일이 '18.12.25일 이전이거나 사망에 따른 상속인의 채무인수 시에는 검증대상에서 제외

---

34) 분양권(조합원 입주권 포함) 또는 상속으로 추가주택을 취득한 경우 검증기준일로부터 3년

5) 기타 유의사항

(1) 서민형 안심전환대출, 더나은 보금자리론, 미분양관리지역 내 미분양주택 입주자 전용 보금자리론, 전세사기피해자 보금자리론 채무인수의 경우 채무자의 배우자, 상속으로 인한 채무인수자 이외의 제3자에 대한 채무인수 불가

(2) 선순위저당권이 나라사랑대출인 경우 상속으로 인한 채무인수자 이외의 제3자에 대한 채무인수 불가

(3) 기존대출 만기가 40년, 50년인 경우의 채무인수는 채무인수자가 제4장 2.대출 만기의 만기별 채무자요건을 충족하는 경우에 한하여 가능. 다만, 배우자 또는 상속인의 채무인수는 채무자요건과 무관하게 취급 가능

제11장
생애최초 주택구입자금 대출

1. 적용범위

본 장에서 달리 정하고 있지 않은 사항에 대하여는 이 기준의 제1장~제13장을 준용하며, 제12장 유한책임 보금자리론은 미적용

2. 애최초 주택구입자 요건 및 자금용도

1) 생애최초 주택구입자는 채무자와 배우자가 과거에 주택을 소유한 사실이 없는 자를 의미

   (1) 제2장 2. 주택보유수 확인 및 관련 유의사항을 준용하여 생애최초 주택구입 여부를 판단

   (2) 위 (1)에도 불구하고 「민간임대주택에 관한 특별법」에 따라 등록된 임대주택이 있는 경우 생애최초 주택구입자로 인정하지 않음

   (3) 전세사기피해자가 임대인으로부터 임차보증금을 반환받지 못해 경매 또는 공매로 낙찰받은 기존주택이 있는 경우에도 생애최초 주택구입자로 인정

   ○ 다만, 기존주택 가격(신청일 기준 공시가격)이 3억원(비수도권 1.5억원)을 초과하거나 전용면적인 85㎡를 초과하는 경우는 불인정

2) 자금용도는 구입용도에 한하며, 실행일 현재 담보주택에 임대차가 있는 경우 취급 불가

3. LTV

· 80% 이내

    (1) 제7장 1. LTV(담보인정비율)에 따른 LTV 초과 시 LTV 초과
분 및 지역별 소액 보증금에 대해 공사에서 구입자금보증에
관해 정한 내규에 따라 생애최초 특례구입자금보증을 적용

    (2) 제7장 1. LTV(담보인정비율)에 따른 LTV 이내인 경우 지역별
소액보증금에 대해 공사에서 구입자금보증에 관해 정한 내규
에 따라 일반구입자금보증을 적용

4. 저당권 설정

제9장 2. 1순위 한정근저당권의 설정에도 불구하고 전세권,
공사 보금자리론은 선순위 제한물권으로 인정하지 않음

5. 채무인수

1) 채무자의 배우자, 상속으로 인한 채무인수 외에 제3자의 채무
인수는 제3자가 생애 최초 주택구입자 요건을 충족하는 경우
에 한하여 가능

2) 위 1)에도 불구하고 생애최초 특례구입자금보증 잔액이 남아
있으면 배우자, 상속으로 인한 채무인수 시 공사에서 구입자
금보증에 관해 정한 내규에서 별도로 정하는 요건을 충족하는
경우 채무인수 가능

제12장
유한책임 보금자리론

1. 적용범위

본 장에서 달리 정하고 있지 않은 사항에 대하여는 이 기준의 제1장~제10장을 준용하며, 구입자금보증 적용 불가

2. 용어의 정의

1) 유한책임 보금자리론 : 대출상환책임을 담보주택에만 한정하여, 채무불이행시 담보주택 처분에 의한 회수액 이외에 추가 상환 요구가 불가능한 보금자리론. 다만, 허위나 그 밖의 부정한 방법에 의해 취급된 경우 제외

2) 일반 보금자리론 : 유한책임 보금자리론이 아닌 보금자리론

3. 대출요건

1) 아파트의 경우 「내집마련 디딤돌대출 업무처리기준」 제9장 3. 대출요건에서 정하는 담보주택 심사평가표의 평가점수에 따라 승인여부 결정

※ 심사점수에 따른 취급요건

심사점수	50점 이상	40~50점	40점 미만
대출취급	유한책임 보금자리론 (LTV 70%)	유한책임 보금자리론(LTV 60%) 또는 일반 보금자리론	일반 보금자리론

2) 유한책임 보금자리론과 일반 보금자리론 간 혼용 가능. 다만, 일반 디딤돌대출과 유한책임 보금자리론 간 혼용 불가

※ 참고 : 상품별 혼용 가능 여부

1순위	2순위	혼용
보금자리론(유한)*	보금자리론(일반)	가능
보금자리론(일반)	보금자리론(유한)	가능
디딤돌대출(유한)	보금자리론(일반)	가능
디딤돌대출(일반)	보금자리론(유한)	불가

* 일반 보금자리론과의 혼용 허용('19.9월) 이전 취급된 유한책임 보금자리론의
  경우에도 혼용 취급 가능

4. 심사항목

1) 단지규모 : 단지 세대규모 기준

2) 경과년수 : 부동산 등기사항전부증명서의 보존등기일 또는 건
   축물대장의 사용승인일 기준

3) 가구수 증가율 : 최근 3개년간 주민등록 세대수 평균 증가율
   로 산정(통계청의 시군구 소재지 기준)

4) 주택조사가격 대비 구입가격의 적정성 : 주택조사가격과 구입
   가격의 차액에 대한 백분율로 산정

o 위 4)에도 불구하고 자금용도가 보전용도 및 상환용도인 경우 위
   4)의 평가를 생략하고, 그 외 평가항목 합산점수를 총 100점 기준
   으로 환산하여 적용

제13장
주택연금 사전예약 보금자리론

1. 적용범위

본 장에서 달리 정하고 있지 않은 사항에 대하여는 제1장~제14장을 준용

2. 상품개요

1) 보금자리론 취급 시 만 55세 이후 주택연금으로 전환(사전예약)할 것을 추가 약정하면 보금자리론 상환기간 동안 우대 금리 적용

o 만 55세 이후 충족여부는 본인 또는 배우자 기준으로 판단하며, 이하 내용에서 정하는 연령 항목에서는 본인 또는 배우자 중 연장자를 기준으로 적용

2) 주택연금 전환 희망 시 사전예약 보금자리론(이하 '보금자리론') 전액상환(상환예정 포함) 후 관할지사 방문하여 주택 연금 전환 신청

o 만 55세 이후에는 보금자리론 잔여만기 불문하고 주택연금 개별인출 등으로 전액상환 가능한 경우에 한해 주택연금 전환

3) 보금자리론 전액상환일이 속한 달의 말일로부터 3개월 이내 주택연금 신청

3. 채무자 요건

신청일 기준 본인 또는 배우자가 만 40세 이상

4. 대출요건

1) 대출만기는 제4장 2. 대출만기에서 정한 바에 따르되, 만 45세 미만인 경우 대출만기 10년 선택 불가

2) 제3자 담보제공은 배우자로 한정

ㅇ 부부 공동 명의 주택은 전체 지분에 대해 근저당권 설정하며, 배우자 외의 제3자 지분이 포함된 경우에는 취급 불가

5. 우대금리(전환장려금)

1) 우대금리 : 0.2%p

2) 전환장려금은 보금자리론 상환기간 동안 대출금액 2억원 한도 내에서 우대금리를 적용하여 적립한 금액으로서, 주택 연금 보증약정 철회기간 경과 후 일시 지급

3) 전환장려금의 산출

(1) 보금자리론 대출실행금액 2억원 이내에서 납부한 이자액을 기준으로 공사가 매년 말 우대금리 0.2%p를 연복리(한국은행 고시 정기예금 평균금리 등 한국주택금융공사가 정하는 이자율)로 적립하여 주택연금 전환 후 지급

(2) 대출실행금액이 2억원을 초과하는 경우 우대금리 한도율을 적용하며, 아래 산식에 따라 우대금리 한도율(소수점 넷째자리에서 절상) 산출

① 1건의 보금자리론이 2억원을 초과하는 경우

△ 2억원 ÷ 대출실행금액

② 2건 이상의 보금자리론이 있는 경우 : 대출실행금액을 모두 합산하여 2억원 초과여부를 판단하고, 2억원을 최초로 초과하는 당해 보금자리론에 대해서만 우대금리 한도율을 적용

△ (2억원 - 기 이용중인 보금자리론 대출실행금액 합계액) ÷ 2억 원을 최초로 초과하는 당해 보금자리론의 대출실행 금액

4) 전환장려금의 지급

(1) 대출 전액상환일이 속한 달의 말일로부터 주택연금을 '3개월 이내 신청'하고 신청 후'3개월 이내 전환'하는 경우 전환장려금 지급

(2) 대출 전액상환일이 속한 달의 말일로부터 주택연금을 '3개월 이내 신청'하지 않거나 신청 후'3개월 이내 전환'하지 않는 경우 전환장려금 소멸

6. 채무인수

1) 제3자 채무인수는 채무인수자 또는 채무인수자의 배우자가 대출만기에 만 55세 이상인 경우에 한하여 가능

ㅇ 제3자 채무인수 시 기존 전환장려금은 소멸되며, 채무인수 실행일로부터 전환장려금 신규 적립

2) 배우자의 채무인수(사망 등) 시 기존 전환장려금 유지

ㅇ 배우자가 대출만기에 만 55세 미만인 경우 채무인수는 가능하나 전환장려금은 소멸

제14장
전세사기피해자 보금자리론

1. 적용범위

1) 본 장에서 달리 정하고 있지 않은 사항에 대하여는 이 기준의 제 1장~제13장을 준용하며, 제12장 유한책임 보금자리론은 미적용

2) 공사가 사전심사하는 경우에만 취급 가능

2. 자금용도

· 구입용도, 상환용도로 취급 가능

○ 상환용도는 전세사기피해자가 전세사기피해자로 결정되기전에 전세 사기피해주택 낙찰 시 이용한 주택담보대출(보금자리론 포함)을 상 환하기 위하여 기존 대출의 잔액 범위 내 신청한 경우 해당

3. 채무자 요건

· 전세사기피해자

(1) 전세사기피해자 결정문 정본 등으로 확인

(2) 전세사기피해주택을 경매 또는 공매로 취득한 경우 낙찰증빙 서류(경락허가서, 매각결정통지서 등)를 추가로 확인

(3) 채무자 또는 배우자가 동일 물건지로 공사 전세자금보증을 이 용 중이거나, 공사 전세자금보증의 채무관계자로 규제되고 있 는 경우에도 취급 가능

4. 대출요건

1) 대출금리는 제4장 4. 대출금리의 우대형 요건 해당 여부와

무관하게 우대형 금리 적용

2) 대출만기는 제4장 2. 대출만기에서 정한 바에 따르되, 대출만기 40년, 50년의 경우 연령 및 신혼가구 요건 미적용

3) 거치기간은 최장 3년 이내에서 연단위로 설정

(1) 최초 원금상환은 거치기간 종료 후 해당일부터 매 1개월 단위로 상환

※ (예시) 2023. 7. 15일 거치기간 1년 설정하여 대출실행하는 경우, 거치기간 종료후 해당일인 2024. 7. 15일부터 매 1개월마다 분할상환

(2) 만기지정상환금액은 대출금액의 최대 30% 이내에서 1백만원 단위로 설정

5. LTV

1) 80% 이내

2) 위 1)과 제7장 4. 담보주택의 평가에도 불구하고 전세사기피해주택을 경매 또는 공매로 취득하는 경우 낙찰가액의 100%까지 가능하며, 대출한도는 경매 또는 공매 담당기관의 최초 감정평가금액 이내

3) 제7장 1. LTV(담보인정비율)에 따른 LTV 초과 여부와 무관하게 지역별 소액보증금을 포함하여 공사에서 구입자금보증에 관해 정한 내규에 따라 전세사기피해자 특례구입자금보증을 적용

6. 채무인수

채무자의 배우자, 상속으로 인한 채무인수 외에 제3자의 채무인수 불가

제15장
안심전환대출

1. 적용범위

본 장에서 달리 정하고 있지 않은 사항에 대하여는 제1장~제10장을 준용하며, 제12장 유한책임 보금자리론과 제13장 주택연금 사전예약 보금자리론은 미적용

2. 상품개요

1) 제1·2금융권 변동금리 주택담보대출을 장기·고정금리 정책모기지로 대환

2) 「주택저당채권 양수규정」 제2조 제4호의 '대출구조전환 주택저당채권'으로 간주

3) 2023년 1월 30일 이후 신청하여 실행된 상환용도 보금자리론은 '안심전환대출' 취급 건으로 간주[35]

3. 자금용도 및 채무자 요건

1) 자금용도는 상환용도로서 기존 주택담보대출이 신청일 기준 아래 항목을 모두 충족해야 함

기존대출 요건
1. 정책모기지, 고정금리대출 등을 제외한 주택담보대출
- 정책모기지 : 보금자리론, 적격대출, 내집마련 디딤돌 대출 등 주택도시기금 대출
- 고정금리 대출 : 대출실행일부터 만기까지 금리가 완전히 고정된 만

---

35) 단, 「보증료 등의 운용규정」 제5조 제2항 간주 제외

> 기 5년 이상의 대출
> ※ 금감원 현행 「고정금리·비거치식 분할상환 대출 인정기준」의 1. 가. 고정금
>   리대출 기준 준용
> - 기타 : 한도대출, 기업대출
> 2. 2022년 8월 16일 까지 실행된 주택담보대출

2) 채무자 및 배우자가 주민등록표 등본에 기재된 대한민국 국민

   (1) 외국인, 시민권자, 영주권자, 재외국민, 국외이주신고자에 대해
       서는 취급 불가

   (2) 위 1)에도 불구하고 배우자가 외국인(외국국적동포 등 포함)인
       경우 주민등록 또는 국내거주(거소신고) 사실을 증빙하는 경우
       취급 가능

3) 신청일 기준 본건 담보주택 1주택 보유

4. 대출한도

1) 기존대출의 잔액 범위 내에서 최대 3.6억원

2) 1백만원 단위로 산정하되, 1백만원 미만 금액은 절상

3) 대출한도를 변경하는 경우 담당 부서장이 별도 통지하는 바에 따름

5. DTI 및 소득요건

1) DTI : 60% 이내

o 제5장 1. DTI(총부채상환비율)에도 불구하고 담보주택이 조정지역
   에 소재하는 경우에도 DTI 차감(10%p) 미적용

2) 부부 합산 연소득 1억원 이하

3) 소득산정 방법

(1) 제6장 3. 휴직 등 예외적인 경우의 증빙소득 산정방법에도 불구하고 국내에서 발생한 증빙소득에 한하여 인정 가능

(2) 채무자와 배우자의 1개년 증빙소득으로 산정하고, 소득 발생 기간이 1년 미만인 경우 연환산하여 환산 소득을 100% 인정 (사업소득의 경우는 연환산 여부 선택 가능)

(3) 건강보험료 납부내역으로 추정한 인정소득도 증빙소득과 동일하게 적용 가능(이하 '특례인정소득')

ㅇ 제6장 5. 인정소득에 따른 연소득 산정 및 입증방법 중 소득 입증이 어려운 경우((1)~(4))가 아니더라도 적용

(4) 특례인정소득을 위한 소득산정 방법은 제6장 5. 인정소득에 따른 연소득 산정 및 입증방법을 준용하되, 건강보험직장가입자에 한하여 아래와 같이 별도 특례인정소득 산정기준을 적용

직장가입자 별도 특례인정소득 산정기준
1. 별도 연소득 한도(5천만원) 적용없이 추정된 소득액을 100% 인정 2. 현 직장 재직기간이 3개월 미만으로 납입내역 증빙이 어려운 경우 (신규 입사자 또는 이직자 등) 신청일 기준 최근 1개월 이상의 보험료 납부내역으로도 연소득 추정 가능 3. 채무자와 배우자가 모두 직장가입자인 경우 특례인정소득 합산 및 다른 증빙 소득과의 합산이 가능

(5) 소득요건 또는 DTI 초과를 사유로 채무자가 요청하는 경우 2개년 증빙소득으로 적용 가능하며, 제6장 2. 증빙소득의 연소득 산정방법을 준용

(6) 휴직자의 경우 제6장 3. 휴직 등 예외적인 경우의 증빙소득 산정방법을 준용

6. LTV 및 담보주택 요건

1) LTV : 70% 이내

o 제7장 1. LTV(담보인정비율)에도 불구하고 주택유형·신용 점수·인정 소득 여부와 무관하며, 담보주택이 조정지역에 소재하는 경우에도 LTV 차감(10%p) 미적용

2) 제7장 2. LTV 산정방법에도 불구하고 단독주택은 전체 방수에 임대차가 없는 경우에 한하여 공제방수를 1개로 일괄적용

3) 담보주택가격 : 대출신청일 현재 6억원 이하

o 담보주택가격을 변경하는 경우 담당 부서장이 별도 통지하는 바에 따름

4) 담보주택의 평가방법은 제7장 4. 담보주택의 평가를 준용하되, '분양가액'은 미적용

(1) 시세정보가 있는 경우 감정평가액 적용 불가

(2) 공시가격을 이용하여 담보주택 평가 시 국토교통부장관 (지자체장)이 평가·공시한 가격에 현실화율36)을 반영한 공시가격을 적용. 다만, 복합용도 건축물 및 임대차 있는 기타 주택은 공시가격을 적용하지 않고 감정평가액을 적용

(3) 공시가격으로 담보주택 평가 시 대출한도 부족으로 채무자가 감정평가를 요청하는 경우 감정평가액을 담보주택가격으로 적용

(4) 공시가격이 있음에도 불구하고 감정평가를 실시하는 경우 감정평가액이 담보주택 상한가격 초과 시 상한가격을 담보주택가격으로 간주(복합용도 건축물 제외)

---

36) 공시가격 현실화율은 담당 부서장이 별도 통지하는 바에 따름

※ (예시) 담보주택가격이 4억원(3억원)일 때 '현실화율을 반영한 공시가격' 3억 8천만원(2억 8천만원), '감정평가액' 4억 3천만원(3억 3천만원)인 경우 → 담보주택 상한가격인 4억원(3억원)을 적용

    (5) 공사 사전심사 방식이 아닌 대출(취급 금융기관 자행대환 대출)의 경우 감정평가액 적용 시 신청일로부터 3년 이내에 발급된 감정평가서 활용 가능

7. 기타 대출요건

1) 대출만기는 10년, 15년, 20년, 30년 중 선택 가능

2) 상환방식은 원금균등상환, 원리금균등상환으로 취급

3) 대출금리는 u-보금자리론 적용금리 대비 0.45%p 인하하여 적용

    (1) 채무자가 만 39세 이하('22.9.15일 기준)이면서 부부 합산 연소득 6천만원 이하인 경우 u-보금자리론 적용금리 대비 0.55%p 인하

    (2) 제4장 5. 우대금리를 통한 우대금리는 미적용

4) 본건 대출에 대한 조기(중도)상환수수료 면제

8. 다중채무자에 대한 취급 유의사항

1) 다중채무자는 담보주택에 주택담보대출이 2건 이상 존재하는 채무자를 의미하며, 이 경우 1순위 근저당권 설정이 가능한 대출만 대환 허용

    (1) 본건 대출을 후순위로 취급 가능한 경우는 제9장 2. 1순위 한정근저당권의 설정 준용

(2) 선순위가 보금자리론 또는 주택도시기금 대출인 경우 후 순위로 안심전환대출 취급 가능하나, 그 외의 경우 선순위대출로 인정 불가

2) 다중채무자에 대한 세부취급기준

(1) 본건 LTV 한도 및 대출한도 내에서 모두 대환 가능

(2) 다중채무의 취급 금융기관이 서로 다른 경우에도 모두 대환가능하며, 공사사전심사 방식이 아닌 대출인 경우 1순위 기존대출 취급기관에서 취급

(3) 다만, 기존 주택담보대출 중 정책모기지가 아닌 고정금리 대출 또는 기타 기업·한도대출이 포함된 경우 전체 대출에 대하여는 취급 불가

※ 참고 : 다중채무자에 대한 안심전환대출 취급사례 표

9. 기타사항

1) 채무자의 배우자, 상속으로 인한 채무인수자 이외의 제3자에 대한 채무인수 불가

2) 제10장 3. 처리기한에도 불구하고 대출신청 후 대출승인기한 및 대출승인 후 대출실행 기한은 담당 부서장이 별도통지로 정하는 바에 따름

3) 공사가 사전심사 하는 경우 [별표1] 사전양수적격심사 관련 전결 사항표에도 불구하고, 팀장 전결로 처리

※ 참고 : 다중채무자에 대한 '안심전환대출' 취급사례

구분	1순위	2순위	3순위	대환방법
동일은행 2건 이상	A은행 주담대	A은행 주담대	{A은행 주담대}	LTV 한도 내에서 모두 전환 가능
	A은행 주담대 (보금, 디딤)	A은행 주담대	{A은행 주담대}	LTV 한도 내에서 2,3순위 대출만 전환 가능
타행 또는 제2금융권 대출 포함 시	A은행 주담대	B은행 주담대	C생명 주담대	LTV 한도 내에서 모두 전환 가능
	A은행 주담대 (보금, 디딤)	B은행 주담대	C생명 주담대	LTV 한도 내에서 2,3순위 대출만전환 가능
기업·한도대출인 주택담보대출 포함 시	A은행 주담대	A은행 기업대출 (주담대)	{A은행 주담대}	전체 대출에 대하여는 취급 불가
	A은행 기업대출 (주담대)	A은행 주담대	{A은행 주담대}	
적격대출 등 기타 고정금리대출 포함 시	A은행 주담대	A은행 주담대(순수 고정금리)	{A은행 주담대}	전체 대출에 대하여는 취급 불가
	A은행 주담대 (순수 고정금리)	A은행 주담대	{A은행 주담대}	
* 괄호{ } 표시한 부분은 존재 유무에 관계없이 동일한 기준을 적용함					

[별표 1] 사전양수적격심사 관련 전결 사항표

승인 내용	팀장	부서장(지점장)
1. u-보금자리론 사전양수적격심사 승인 (채무인수를 포함하며, 추가대출의 경우 '대출승인금액'은 공사가 사전심사하거나 양수한 '내집마련 디딤돌대출 또는 보금자리론'의 선순위 대출잔액을 합산한 금액으로 함)		
가.대출승인금액 3억원이하		
(1) DSR 70% 이하	결정	
(2) DSR 70% 초과		결정
나. 대출승인금액 3억원 초과		결정
2. 후취담보 잔금대출 집단취급 승인※		결정

※ 담보주택의 건물 자체가 미등기인 상태로 취급금융기관이 자체 내규에 따라 사용승인 이후 대출실행 및 양수도 시까지 담보를 취득하는 조건일 경우에 한하여 승인

제3편
주택도시기금 주택전세자금대출

PART 1. 중소기업취업청년 전월세보증금대출

- 주택도시기금의 개인상품 중 중소기업 취업청년 전월세보증금 대출입니다.
- 중소기업에 취업한 청년들에게 저리의 중소기업 취업청년전월세보증금 대출해드립니다.

1. 대출안내

• 대출대상

아래의 요건을 모두 충족하는 자

(1) (계약) 주택임대차계약을 체결하고 임차보증금의 5% 이상을 지불한 자

(2) (세대주) 대출접수일 현재 민법상 성년(만 19세가 되는 해의 1월 1일 맞이한 미성년자 포함)인 만 34세 이하 세대주 및 세대주 예정자(병역의무를 이행한 경우 병역 복무기간에 비례하여 자격기간을 연장하되 최대 만 39세까지 연장)

> ※ 세대주의 정의
> 세대별 주민등록상에 배우자, 직계존속(배우자의 직계존속) 또는 직계비속인 세대원으로 이루어진 세대의 세대주 (* 형제·자매는 세대원에 미포함) 다만, 다음에 해당하는 자도 세대주로 간주
> 1) 세대주의 배우자
> 2) 주민등록표상에 세대원으로 등록된 자가 대출접수일 현재 3개월 이내에 결혼으로 세대주로 예정된 자

(3) (무주택) 세대주를 포함한 세대원 전원이 무주택인 자

(4) (중복대출 금지) 주택도시기금대출, 은행재원 전세자금대출 및

주택담보대출 미이용자

- (주택도시기금대출) 성년인 세대원 전원(세대가 분리된 배우자 및 자녀, 결혼예정 배우자, 배우자의 직계존속과 동거 세대를 구성하는 경우 배우자의 직계존속 포함)이 기금 대출을 이용 중이면 대출 불가

- (전세자금대출 및 주택담보대출) 차주 및 배우자(결혼예정 또는 분리된 배우자 포함)가 전세자금대출 및 주택담보대출을 이용 중이면 대출 불가

- (임차중도금대출 중복예외허용) 한국주택금융공사 주택보증서 담보로 취급된 기금 임차중도금(잔금포함) 대출을 이용 중인 대출자가 타 물건지에서 한국주택금융공사 주택보증서 담보로 기금 또는 은행재원 전세대출을 이용하고자 하는 경우

(5) (소득) 5천만원(외벌이 가구 또는 단독세대주인 경우 3천5백만원) 이하인 자

(6) (자산) 대출신청인 및 배우자의 합산 순자산 가액이 통계청에서 발표하는 최근년도 가계금융복지조사의 '소득 5분위별 자산 및 부채현황' 중 소득 3분위 전체가구 평균값 이하(십만원 단위에서 반올림)인 자

- 2023년도 기준 3.61억원

- 자산심사 관련 자세한 사항은 기금포탈 [고객서비스]-[자산심사 및 금리안내]-[자산 심사 안내]를 참고(바로가기)

(7) (신용도) 아래 요건을 모두 충족하는 자

- 신청인(연대입보한 경우 연대보증인 포함)이 한국신용정보원 "신용정보관리규약"에서 정하는 아래의 신용정보 및 해제 정보가 남아있는 경우 대출 불가능

① 연체, 대위변제·대지급, 부도, 관련인 정보

② 금융질서문란정보, 공공기록정보, 특수기록정보

③ 신용회복지원등록정보

  - 그 외, 부부에 대하여 대출취급기관 내규로 대출을 제한하고 있는 경우에는 대출 불가능

(8) (공공임대주택) 대출접수일 현재 공공임대주택에 입주하고 있는 경우 불가

  - 대출신청 물건지가 해당 목적물인 경우 또는 대출신청인 및 배우자가 퇴거하는 경우 대출가능

(9) (중소기업) 아래 중 하나에 해당하는 경우

① 중소기업 취업자
대출접수일 기준 중소·중견기업 재직자 (단, 소속기업이 대기업, 사행성 업종, 공기업 등에 해당하거나, 대출신청인이 공무원인 경우 대출 제외)

② 청년창업자
중소기업진흥공단의 '청년전용 창업자금', 기술보증기금의 '청년창업기업 우대프로그램', 신용보증기금의 '유망창업기업 성장지원프로그램', '혁신스타트업 성장지원프로그램' 지원을 받고 있는 자

• **신청시기**

  - 임대차계약서상 잔금지급일과 주민등록등본상 전입일 중 빠른 날로부터 3개월이내까지 신청

  - 계약갱신의 경우에는 계약갱신일(월세에서 전세로 전환계약한 경우에는 전환일)로부터 3개월이내에 신청

- **대상주택**

  아래의 요건을 모두 충족하는 주택

  (1) 임차 전용면적
      임차 전용면적 85㎡ 이하 주택(주거용 오피스텔은 85㎡이하 포함)

  (2) 임차보증금
      2억원 이하

- **대출한도**

  다음 중 작은 금액으로 산정

  (1) 호당대출한도
      1억원

  (2) 소요자금에 대한 대출비율

  ① 신규계약
     전세금액의 100%(한국주택금융공사 일반전세자금보증서인 경우 80%)

  ② 갱신계약
     증액금액 이내에서 증액 후 보증금의 100%(한국주택금융공사 일반전세자금보증서인 경우 80%)

  (3) 담보별 대출한도

  ① 한국주택금융공사 전세대출보증 : 해당 보증 규정에 따름

  ② 주택도시보증공사 전세금안심대출보증 : 해당 보증 규정에 따름

  ※ 1년미만 재직자의 경우 대출한도가 2천만원 이하로 제한 될 수 있음

- **대출금리**

  1.5%

  ※ 1회 연장 시 당초 대출조건 미충족자로 확인되거나 2회 연장취급시부터 버팀목전세자금대출 기본금리(변동금리)를 적용. 단, 1회 연장 시 소속기업의 휴(폐)업으로 인해 비자발적 퇴직을 한 경우 1.5%금리유지

  ※ 자산심사 부적격자의 경우 가산금리가 부과
  자산심사 관련 자세한 사항은 기금포탈 [고객서비스]-[자산 심사 및 금리안내]-[자산 심사 안내]를 참고(바로가기)

- **이용기간**

  2년(4회 연장하여 최장 10년 가능)

  - 주택도시보증공사 전세금안심대출 보증서 : 최대 2년 1개월(4회 연장하여 최장 10년 5개월 가능)

  - 최장 10년 이용 후 연장시점 기준 미성년 1자녀당 2년 추가(최장 20년 이용 가능)

- **상환방법**

  일시상환

- **담보취득**

  아래 중 하나 선택

  (1) 한국주택금융공사 전세대출보증

  (2) 주택도시보증공사 전세금안심대출보증

• 보증 종류별 안내

구분	전세금안심대출보증(HUG)	전세자금보증(HF)
내용	전세보증금반환보증 + 대출보증(특약) * 분리 불가	대출보증 * 전세보증금반환보증 별도 가입 가능
보증 한도	1. 목적물별 보증한도 주택가격 x 담보인정비율 – 선순위 채권 등 2. 소요자금별 보증한도 ①, ②, ③ 중 적은 금액 ① 전세보증금 이내 ② 전세보증금반환보증금액의 80% 이내 * 중소기업 취업청년 대상 버팀목 전세자금대출의 경우 100%에 해당하는 금액 * (우리은행만 해당) 노후고시원 거주자 이주자금 대상 버팀목 전 세자금대출의 경우 100%에 해 당하는 금액 ③ 대출한도 금액	1. 보증종류별 보증한도 4억원 – 동일한 기 전세자금 보증잔액 2. 소요자금별 보증한도 ①, ② 중 적은 금액 ① 임차보증금 80% 이내 ② 신청인의 보증신청 금액 3. 상환능력별 보증한도 연간인정소득 – 연간부채상 예 상액 + 상환방식별 우대금액 – 동일한 기전세자금 보증잔액
특징	목적물에 따라 보증 가능여부 및 한도가 결정	보증신청인의 소득 및 신용도에 따 라 보증 가능여부 및 한도가 결정
문의 안내	주택도시보증공사 콜센터(1566- 9009) 또는 기금수탁은행	주택금융공사콜센터(1688-8114) 또는 기금수탁은행

• 고객부담비용

- 인지세 : 고객/은행 각 50% 부담

- 보증서 담보 취급 시 보증료

- **대출금지급방식**

  임대인계좌에 입금함을 원칙. 단, 임대인에게 이미 임차보증금을 지급한 사실이 확인될 경우에는 임차인계좌로 입금 가능

- **대출취급영업점**

  임차대상주택이 소재한 도내 영업점에서 취급이 원칙. 단, 특별시, 광역시는 동 시가 접한 도(특별시, 광역시 포함)와 동일지역으로 운용하고 영업점이 타 도 인접지역에 위치한 경우 타 도의 인접 시,군까지 취급

- **중도상환수수료**

  없음

- **대출계약 철회**

  - 아래의 기일 중 늦을 날로부터 14일 이내에 대출계약 철회 가능

  (1) 대출계약서류를 제공받은 날

  (2) 대출계약체결일

  (3) 대출실행일

  (4) 사후자산심사결과 부적격 확정통지일

  ※ 대출계약 철회는 채무자가 철회기한 이내에 원금과 이자 및 부대비용을 전액 반환한 때에 효력이 발생

  - 대출계약 철회권의 효력이 발생한 이후에는 철회권 행사취소 불가

- **유의사항**

  - 대출 취급 후 주택취득이 확인된 경우에는 본 대출금을 상환하여야 함

  - 본 대출상품은 2023년 12월 31일까지 신청 가능하며, 생애 중 1회만 이용 가능

  - 쉐어하우스 입주자의 경우 본 대출상품 이용 불가

  - 본 대출상품은 시중은행 전세자금대출, 제2금융권 전세자금대출 대환 불가

  - 본 대출상품은 임차중도금 대출 불가

  - 주택도시보증공사 보증서를 담보로 취급된 대출의 경우 추가대출 불가(전체 수탁은행) 및 대출이용기간 중도 목적물 변경 불가(하나은행)

  - 주택도시기금대출은 「금융소비자보호법」의 위법계약해지권적용 대상이 아님

- **상담문의**

  - 대출 심사 관련한 상담은 아래의 콜센터 번호 및 기금 수탁은행 지점에서 가능합니다.

  - 자산심사 관련한 상담은 주택도시보증공사 콜센터 1566-9009 및 심사 진행 중 안내된 담당자 번호로 문의바랍니다.

- **업무취급은행**

  우리은행 1599-0800

  KB 국민은행 1599-1771

  하나은행 1599-1111

  NH농협은행 1588-2100

  신한은행 1599-8000

  대구은행 1566-5050

  부산은행 1800-1333

2. 기한연장

- **대출대상**

  아래의 요건을 모두 충족하는 자

  (1) (계약) 주택임대차계약을 체결하고 해당주택에 전입 및 거주하는 자

  (2) (세대주) 대출접수일 현재 민법상 성년인 세대주

  (3) (무주택) 세대주를 포함한 세대원 전원이 무주택인 자

- **대출금리**

  1.5%

  ※ 단, 1회 연장 시 당초 대출조건 미충족자로 확인되거나 대출 기간 4년 종료에 따라 2회 연장 취급시 부터 버팀목전세대출 기본 금리 (변동금리)를 적용

- **상환방법**

  상환방법 변경불가

- **유의사항**

  - 최초 취급된 대출금 또는 직전 연장시 잔액의 10% 이상 상환 또는 0.1% 가산금리를 적용. 단, 분할상환으로 최초 취급된 대출금 또는 직전 연장시 잔액의 10% 이상이 상환된 경우에는 적용하지 않음

  - 기한연장시 임대차계약서상 임차보증금이 대출금액 보다 적을 때에는 신 임차보증금이내로 대출금 일부상환처리

  - 신규시 주택도시보증공사 보증서가 담보로 취급된 경우 신임대차계약 체결 전 주택도시보증공사 보증서 발급 가능 물건지인지 확인 필요

- **상담문의**

  대출 심사 관련한 상담은 아래의 콜센터 번호 및 기금 수탁은행 지점에서 가능합니다.

3. 추가대출

- **대출대상**

  아래의 요건을 모두 충족하는 자

  (1) 직전 대출 받은 날로부터 1년 이상 경과한 경우

  - 공공임대주택 추가대출 신청하는 경우는 해당 주택에 계속해서 3개월

(전입일 기준)거주 및 직전 대출받은 날로부터 3개월 이상 경과한 경우

(2) 임차보증금이 증액 (새로운 임차목적물로 이전하는 경우 포함) 하는 경우

- **대출한도**

다음 중 작은 금액으로 산정

(1) 호당대출한도
  1억원

(2) 소요자금에 대한 대출비율
  증액금액 이내에서 증액 후 보증금의 100%(한국주택금융공사 일반전세자금보증서인 경우 80%)

(3) 담보별 대출한도
  - 한국주택금융공사 전세대출보증 : 해당 보증 규정에 따름
  - 주택도시보증공사 전세금안심대출보증 : 추가대출 불가

- **유의사항**

주택도시보증공사 보증서를 담보로 취급된 대출의 경우 추가대출 불가(전체 수탁은행) 및 대출이용기간 중도 목적물 변경 불가(하나은행)

- **상담문의**

대출 심사 관련한 상담은 아래의 콜센터 번호 및 기금 수탁은행 지점에서 가능합니다.

4. 이용절차 및 제출서류

- **대출신청**

  - (온라인신청) 기금e든든 홈페이지(https://(https://enhuf.molit.go.kr)에서 가능
  - (은행 방문 신청) 기금 수탁은행인 우리, 신한, 국민, 농협, 하나, 대구, 부산은행에서 가능

  ※ 이용 가능 지점은 은행 상황에 따라 다를 수 있습니다.

- 이용절차

① 대출조건 확인
   기금포털 또는 은행상담을 통해 대출기본정보 확인

② 대출신청
   주택도시보증공사 기금e든든 또는 은행 방문 신청

③ 자산심사(HUG)
   자산 정보 수집후 심사

④ 자산심사 결과 정보 송신(HUG)
   대출 신청 시 기입한 신청자 휴대폰번호로 SMS 결과 발송

⑤ 서류제출 및 추가심사 진행(수탁은행)
   은행 영업점에 필요 서류 제출
   소득심사, 담보물심사

⑥ 대출승인 및 실행
   대출가능 여부 및 대출한도 확인
   대출 실행

※ 자산심사 관련 자세한 사항은 기금포탈 [고객서비스]-[자산심사 및 금리안내]-[자산 심사 안내]를 참고

• 준비서류

- 본인확인 : 주민등록증, 운전면허증, 여권 중 택1

- 대상자확인 : 주민등록등본
  합가기간 확인 등 필요시 주민등록초본
  단독세대주 또는 배우자 분리세대 : 가족관계증명원
  배우자 외국인, 재외국민 또는 외국국적동포 : 외국인등록증 또는 국내거소신고사실증명
  결혼예정자 : 예식장계약서 또는 청첩장

- 재직 및 사업영위 확인 : 건강보험자격득실 확인서
  (근로소득) 필요시 사업자등록증이 첨부된 재직증명서
  (사업소득) 사업자등록증
  상기와 같은 방법으로 확인이 불가능한 경우에는 경력증명서, 위촉증명서, 고용계약서 등 이와 유사한 형태의 계약서 등

- 소득확인 : 소득구분별 아래의 서류
  (근로소득) 세무서(홈텍스)발급 소득금액증명원 또는 ISA 가입용 소득확인증명서, 연말정산용 원천징수영수증(원천징수부 등 포함), 급여내역이 포함된 증명서 (재직회사가 확인날인한 급여명세표, 임금대장, 갑근세 원천징수 확인서, 일용근로소득지급명세서) 중 택1
  (사업소득) 세무서(홈텍스)발급 소득금액증명원 또는 ISA 가입용 소득확인증명서, 사업소득 원천징수영수증(연말정산용), 세무사가 확인한 전년도 과세표준확정신고 및 납부 계산서 중 택1

(연금소득) 연금수급권자확인서 등 기타 연금수령을 확인할 수 있는 지급기관 증명서 (연금수령액이 표기되지 않은 경우 연금수령 통장)

(기타소득) 세무서(홈텍스)발급 소득금액증명원

(무소득) 신고사실없음 사실증명원

- 주택관련 : 확정일자부 임대차(전세)계약서 사본, 임차주택건물 등기사항전부증명서

- 중소기업재직확인

(중소기업 취업자) 재직회사 사업자등록증, 주업종코드확인서, 고용보험자격이력내역서(발급이 불가한 경우 건강보험자격득실 내역서로 대체 가능)

(청년창업자) 청년 창업 관련 보증 또는 대출을 지원받은 내역서(발급기관 양식)

- 기타확인 : 보증자격 확인서류, 담보제공 서류

※ 기타 심사 시 필요한 서류 추가 징구 가능

· 상담문의

- 대출 심사 관련한 상담은 아래의 콜센터 번호 및 기금 수탁은행 지점에서 가능합니다.

- 자산심사 관련한 상담은 주택도시보증공사 콜센터 1566-9009 및 심사 진행 중 안내된 담당자 번호로 문의바랍니다.

5. 자주하는 질문

■ 대출실행일로부터 1년 후 대출기간 중 목적물 변경으로 인하여 대환
  하는 경우 기한연장횟수 및 최장 대출기간은?

(주택도시보증공사 전세금안심대출보증, 한국주택금융공사 임대주택 입
주자 특례보증 및 집단전세보증의 경우)

○ 최장 대출기간은 대환대출 전 최초 대출실행일로부터 기산한 기간을
  기준으로 함

○ 기한연장으로 보아 기한연장 횟수에서 차감하며, 1년 이용 후 대환
  하는 경우 잔여 대출기간(1년)은 최장 대출기간에서 차감(대환시부터
  3회 연장 가능, 최장 8년)

○ 1.2% 금리 이용 가능 기간은 4년에서 3년으로 단축

■ 대출기간 중 목적물 변경으로 인하여 대환하는 경우 타행간 대환 가
  능 여부?

○ 타행간 대환 불가

■ 소득산정은 세전인지, 세후인지?

○ 소득은 세전기준으로 산정됩니다.

■ 대출 실행 후 철회가 가능한지?

○ 대출 실행 후 아래의 기일 중 늦을 날로부터 14일 이내에 대출계약
  철회 가능

  (1) 대출계약서류를 제공받은 날

(2) 대출계약체결일

(3) 대출실행일

(4) 사후자가산심사결과 부적격 확정통지일

- 대출계약 철회는 채무자가 철회기한 이내에 원금과 이자 및 부대비용을 전액 반환한 때에 효력이 발생

○ 대출계약 철회권의 효력이 발생한 이후에는 철회권 행사취소 불가

■ 병역의무를 이행한 경우 자격기간 연장 기준은?

○ 병적증명서상의 복무기간(입영연월일부터 전역연월일까지의 기간)을 만 34세에서 연장하여 처리합니다.

- 단, 최대 만 39세 초과 불가

○ 연장 기간 적용 사례

- 만 35세 생일이 2019.1.1.이며, 군복무를 하지않은 경우, 신청 가능한 기한은 2018.12.31.까지(만 34세 이하)

- 복무기간이 입영연월일 2015.1.1. 전역연월일 2015.12.31.인 경우 복무기간은 365일에 해당하며,

- 신청 가능기한의 말일(2018.12.31.)로부터 365일을 추가(초일불산입, 말일산입)하여 2019.12.31.까지 기간을 연장

  ※ 주택도시기금대출은 기금수탁은행에 업무를 위탁하여 심사하고 있습니다. 개별 심사에 관한 자세한 사항은 기금수탁은행으로 문의하시기 바랍니다.

■ 중소기업취업청년 지원이 불가능한 기업은?

○ 대출신청인이 재직중인 회사가 대기업, 사행성업종, 공기업 등에 해

당하는 경우 또는 국가공무원법과 지방공무원법에 따른 공무원에 해당하는 경우 대출 이용이 불가합니다.

- 대기업 여부 : 소속기업이 공정거래위원회의 상호출자제한기업집단에 해당하지 아니하고 한국기업데이터 크레탑 조회시에도 기업규모가 대기업에 해당하지 아니할 경우 중소기업 조건 충족

- 사행성 업종 : 사행성 업종(단란주점영업, 유흥주점영업, 무도장업, 게임제공업 등)을 영위하는 기업으로 [첨부1]의 국세청 업종코드로 사행성 업종에 해당하는지 여부를 확인가능

- 공기업 등 제외 : 공공기관 운영에 관한 법률 상 공기업(기재부 보도자료), 지방공기업법에 따른 지방공기업(클린아이 지방공기업통합공시), 지방재정통합공개시스템(지방재정 365)에 따른 지방출자출연기관으로 [첨부2]에서 해당기업여부를 확인 가능

 ※ 주택도시기금대출은 기금수탁은행에 업무를 위탁하여 심사하고 있습니다. 개별 심사에 관한 자세한 사항은 기금수탁은행으로 문의하시기 바랍니다.

■ 전세자금대출이 지원되지 않는 주택은?

○ 주택도시기금대출의 경우 주택도시기금법에 따라 국민주택규모 이하의 주택 및 준주택 임차만 지원 가능합니다.

- 주택 및 준주택은 「주택법」상 주택 및 준주택을 의미합니다. 따라서, 주택법 상 주택 및 준주택에 포함되지 않는 생활숙박시설 등의 경우 대출 지원이 불가합니다.

○ 아래의 어느 하나에 해당이 되는 경우 지원 불가합니다.

  (1) 건물등기부등본 또는 건축물관리대장상 임차대상 부분이 주거용이어

야 하며, 임차목적물에 권리침해(압류, 가압류, 가등기, 가처분, 경매 등)가 있는 경우에는 대출취급 할 수 없음

(2) 임차대상주택이 직계존비속(배우자의 직계존비속 포함), 형제·자매 등 가족관계 소유인 경우 사회통념상 임대차계약에의한 자금수수가 이루어진다고 볼 수 없으므로 대출취급 할 수 없음

- 단, 직계존비속을 제외한 형제·자매 등 임대차계약인 경우 실질적 대금 지급내역을 입증하면 예외적으로 대출 취급 가능

(3) 공동주택 또는 다가구·다중주택 중 1가구의 일부분(예 : 단순히 일부 방만 임차하는 경우)을 임대차하는 경우에는 대출취급을 할 수 없음

- 단, 세대가 분리 되어있고 출장복명서를 통해 독립된 주거공간(출입문 공유 포함)으로 확인된 경우 대출 취급 가능

(4) 법인, 조합, 문중, 교회, 사찰, 임의단체 등 개인이 아닌 자가 소유한 주택에 대해서는 기금 전세자금 취급불가.

- 단, 사업목적에 부동산임대업이 있는 법인소유주택은 대출 취급 가능

(5) (임시)사용승인일 또는 연장된 (임시)사용승인일로부터 12개월이 경과한 미등기건물 또는 무허가 건물은 대출취급 할 수 없음

- (임시)사용승인후 12개월이내의 미등기 건물은 분양계약서 사본, 입주안내문 사본, (임시)사용승인서 사본 등을 제출받아 임차목적물, 임대인 등을 확인 후 대출취급 할 수 있음(사후 건물등기사항전부증명서 징구 불요)

(6) 본인 거주주택을 매도하고 매수인과 임대차계약을 체결하는 주택은 대출취급할 수 없음

○ 또한, 담보 취득이 불가능한 주택의 경우(보증서 발급 거절 등) 전세자금대출 지원이 불가합니다.

※ 주택도시기금대출은 기금수탁은행에 업무를 위탁하여 심사하고 있습니다. 개별 심사에 관한 자세한 사항은 기금수탁은행으로 문의하시기 바랍니다.

■ 복직자인 경우 소득 산정 기준은?

○ 복직 이후 월 평균급여로 인정합니다.

(급여명세표 합계액 ÷ 해당월수) × 12

- 단, 복직 이후 3개월 급여가 없는 경우 휴직자와 동일하게 산정

 ※ 주택도시기금대출은 기금수탁은행에 업무를 위탁하여 심사하고 있습
  니다. 개별 심사에 관한 자세한 사항은 기금수탁은행으로 문의하시
  기 바랍니다.

■ 휴직자인 경우 소득 산정 기준은?

○ 신청일 현재 휴직자는 휴직 직전 1개년 소득으로 인정합니다.

- 단, 최근 3년내에 1개월 이상의 소득이 없으면 무소득 간주

 ※ 주택도시기금대출은 기금수탁은행에 업무를 위탁하여 심사하고 있습
  니다. 개별 심사에 관한 자세한 사항은 기금수탁은행으로 문의하시
  기 바랍니다.

■ 일용계약직인 경우 재직 확인 및 소득 산정 기준은?

○ 일용계약직의 경우 세무서발행 소득금액증명원(소득구분일용근로소
  득)상의 금액 또는 최근 1년 이내 일용근로소득지급명세서의 합계액
  을 기준으로 소득을 인정합니다.

- 단, 객관적인 서류로 재직기간이 입증되는 경우에는 연환산 가능

 ※ 주택도시기금대출은 기금수탁은행에 업무를 위탁하여 심사하고 있습
  니다. 개별 심사에 관한 자세한 사항은 기금수탁은행으로 문의하시
  기 바랍니다.

■ 기타소득의 경우 소득 산정 기준은?

○ 기타소득의 경우 재직 및 사업영위 등 사실확인을 생략합니다.

○ 기타소득인 경우 최근발행 소득금액증명원 상 금액으로 확인합니다.

○ 수령기간이 1년 미만인 기타소득(이자소득 등)의 경우 연소득으로 환산이 불가능합니다.

 ※ 주택도시기금대출은 기금수탁은행에 업무를 위탁하여 심사하고 있습니다. 개별 심사에 관한 자세한 사항은 기금수탁은행으로 문의하시기 바랍니다.

■ 연금소득의 경우 소득 산정 기준은?

○ 연금소득의 경우 재직 및 사업영위 등 사실확인을 생략합니다.

○ 연금소득인 경우 연금수급권자 확인서 등 증명서, 금액이 확인되지 않는 경우 연금수령통장 상 금액으로 확인합니다.

○ 수령기간이 1년 미만인 연금소득 연소득으로 환산하여 적용합니다. (월환산)

 ※ 주택도시기금대출은 기금수탁은행에 업무를 위탁하여 심사하고 있습니다. 개별 심사에 관한 자세한 사항은 기금수탁은행으로 문의하시기 바랍니다.

■ 사업소득의 경우 사업영위 확인 및 소득 산정 기준은?

○ 사업자의 경우 사업자등록증(또는 사업자등록증명원)으로 사업 영위를 확인합니다.

○ 사업소득의 경우 최근발행 사업소득원천징수영수증, 소득금액증명원

또는 종합소득세 과세표준확정신고 및 납부 계산서(세무사확인분) 상 금액으로 확인합니다.

- 근로·사업소득의 경우 과세신고 하였으나 아직 전년도 소득입증자료가 발급되지 않는 경우에는 이전년도 소득입증자료로 연소득을 산정

○ 사업영위기간이 1년 미만인 사업소득의 경우 연소득으로 환산이 불가능합니다.

※ 주택도시기금대출은 기금수탁은행에 업무를 위탁하여 심사하고 있습니다. 개별 심사에 관한 자세한 사항은 기금수탁은행으로 문의하시기 바랍니다.

■ 근로소득의 경우 재직 확인 및 소득 산정 기준은?

○ 근로소득자의 경우 건강보험자격득실확인서로 재직을 확인합니다.

- 단, 직장건강보험 적용 제외 등의 사유로 직장건강보험에 가입하지 않은 경우에는 재직증명서 및 사업자등록증(또는 사업자등록증명원) 사본으로 확인

○ 근로소득의 경우 최근발행 원천징수영수증, 소득금액증명원, 최근발행 급여내역서 상 금액으로 확인합니다.

- 근로·사업소득의 경우 과세신고 하였으나 아직 전년도 소득입증자료가 발급되지 않는 경우에는 이전년도 소득입증자료로 연소득을 산정

- 단, 근로소득의 경우 전년도 원천징수영수증이 발급되는 경우에는 전전전년도 소득입증자료를 사용 불가

- 원천징수영수증 상 비과세소득은 제외

○ 재직기간이 1년 미만인 근로소득의 경우 급여내역서상 총금액을 연소득으로 환산하여 적용합니다.(월환산)

- 단, 1개월이상 재직하여 온전한 한 달치 이상의 소득이 존재해야 함

- (예시) 3.4 입사자의 경우 4.30까지 만근 후 대출 신청 가능

 ※ 주택도시기금대출은 기금수탁은행에 업무를 위탁하여 심사하고 있습니다. 개별 심사에 관한 자세한 사항은 기금수탁은행으로 문의하시기 바랍니다

■ 퇴사 혹은 폐업한 경우 소득 산정 기준은?

○ 재직여부, 사업영위를 확인하여 퇴직한 전 근무지, 폐업한 사업장의 소득은 인정 불가합니다.

- 단, 사업자등록증이 있는 개인사업자의 경우 최근년도 소득금액증명원을 제출하였으나 신규 사업을 개시하여 상호가 변경되었다면, 업종 및 업태가 동일한 경우에 소득을 인정

○ 대출접수일 기준 퇴직한 경우 퇴직증명서(또는 건강보험자격득실확인서), 폐업한 경우 폐업증명서 등으로 확인 후 연소득이 없는 것으로 간주합니다.

 ※ 주택도시기금대출은 기금수탁은행에 업무를 위탁하여 심사하고 있습니다. 개별 심사에 관한 자세한 사항은 기금수탁은행으로 문의하시기 바랍니다.

■ 대출대상자 소득 산정 기준은?

○ 소득의 종류는 근로소득, 사업소득, 연금소득, 기타소득으로 구분합니다.

- 연금의 범위는 공적연금[37], 기업연금, 개인연금을 포함

---

37) 군인연금, 공무원연금, 사립학교교원연금, 국민연금(노령연금, 장해연금, 유족연금 등) 등 국가, 지방자치단체 공공기관이 지급하는 모든 종류의 연금 소득(기초생활수급비, 국가 유공자 보상금, 보훈급여 등 연금형식으로 지급하는 각종 보상금과 수당 등을 포함)

- 기타소득은 이자, 배당소득 등 소득금액증명원 상 확인되는 금액
- 근로소득, 사업자등록이 있는 사업소득, 공적연금소득(국민연금, 공무원연금, 군인연금, 사립학교교직원연금, 별정우체국연금)이 있는 경우 해당 소득은 필수 합산 대상

※ 주택도시기금대출은 기금수탁은행에 업무를 위탁하여 심사하고 있습니다. 개별 심사에 관한 자세한 사항은 기금수탁은행으로 문의하시기 바랍니다.

■ 무주택자만 대출이 가능한데, 주택 소유를 확인하는 세대원의 범위는?
○ 무주택 검색 대상 세대원은 아래와 같습니다.

(1) 세대주 및 세대원38) 전원

(2) 분리된 배우자 및 그 배우자와 동일한 세대를 이루고 있는 직계비속

(3) 세대주로 인정되는 자의 민법상 미성년인 형제,자매

(4) 공동명의 담보제공자

※ 주택도시기금대출은 기금수탁은행에 업무를 위탁하여 심사하고 있습니다. 개별 심사에 관한 자세한 사항은 기금수탁은행으로 문의하시기 바랍니다.

■ 주택 소유 중인데, 무주택으로 보는 경우는?
○ 주택도시기금은 무주택서민의 주거안정 및 주거복지향상을 목적으로 조성, 지원되는 자금으로서, 유주택자의 판단은 대상 주택의 규모, 가격, 소재지등에 관계없이 기금대출 대상에서 제외됩니다.
○ 분양권 및 조합원 입주권을 보유한 경우도 주택 보유로 확인됩니다.

---

38) 배우자, 직계존속(배우자의 직계존속) 또는 직계비속

(전세자금대출 신청자의 경우 분양권 및 조합원입주권은 주택으로 산정하지 않음)

○ 이는 무주택서민을 위한 주거안정자금이므로 개인의 특수사정은 고려대상이 될수 없으나, 다음 아래에 해당하는 경우 주택을 소유한 경우에도 무주택자로 인정 가능하므로 참고하시기 바랍니다.

(1) 상속으로 인하여 주택의 공유지분을 취득한 사실이 판명되어 그 지분을 처분한 경우

(2) 도시지역이 아닌 지역 또는 면의 행정구역(수도권은 제외한다)에 건축되어 있는 주택으로서 다음 하나에 해당하는 주택의 소유자가 해당 주택건설지역에 거주(상속으로 주택을 취득한 경우에는 피상속인이 거주한 것을 상속인이 거주한 것으로 본다)하다가 다른 주택건설지역으로 이주한 경우

가. 사용승인후 20년이상 경과된 단독주택

나. 85㎡이하의 단독주택

다. 소유자의 가족관계의 등록에 관한 법률에 따른 최초 등록기준지에 건축되어 있는 주택으로서 직계존속 또는 배우자로부터 상속 등에 의하여 이전받은 단독주택

(3) 개인주택사업자가 분양을 목적으로 주택을 건설하여 이를 분양 완료하였거나 그 지분을 처분한 경우

(4). 세무서에 사업자로 등록한 개인사업자가 그 소속근로자의 숙소로 사용하기 위하여 ?주택법? 제10조 제3항에 따라 주택을 건설하여 소유하고 있거나 정부시책의 일환으로 근로자에게 공급할 목적으로 사업계획승인을 얻어 건설한 주택을 공급받아 소유하고 있는 경우

(5) 20㎡이하의 주택을 소유하고 있는 경우. 다만, 2호 또는 2세대이상의 주택을 소유한 자는 제외한다.

(6) 60세 이상의 직계존속(배우자의 직계존속 포함)이 주택을 소유하고 있는 경우

(7) 건물등기사항전부증명서 또는 건축물관리대장의 공부상 주택으로 등재되어 있으나 주택이 낡아 사람이 살지 아니하는 폐가이거나 주택이 멸실되었거나 주택이 아닌 다른 용도로 사용되고 있는 경우 멸실시키거나 실제 사용하고 있는 용도로 공부를 정리한 경우

(8) 무허가건물을 소유하고 있는 경우

※ 주택도시기금대출은 기금수탁은행에 업무를 위탁하여 심사하고 있습니다. 개별 심사에 관한 자세한 사항은 기금수탁은행으로 문의하시기 바랍니다.

■ 대출접수일의 기준은?

○ 공사 비대면(기금e든든)에서 접수한 경우 : 기금e든든 시스템에서 접수를 완료한 날(본인 및 배우자의 정보제공동의가 모두 완료된 날)

○ 은행 영업점 또는 주택금융공사 비대면에서 접수한 경우 : 은행 영업점 또는 한국주택금융공사에서 기금e든든으로 대출 신청정보를 수신한 날

○ 모든 심사(가산금리 부과 포함)는 대출접수일을 기준으로 진행됩니다.

- 자산심사 시 금융자산 및 금융부채 금액은 '조회기준일' 기준으로 수집됩니다.

※ 자산심사 관련 자세한 사항은 기금포탈 [고객서비스]-[자산심사 및 금리안내]-[자산 심사 안내]를 참고

PART 2. 청년전용 보증부월세대출

- 주택도시기금의 개인상품 중 청년전용 보증부월세대출입니다.
- 청년들에게 저리로 전월세보증금 및 월세를 대출해드립니다.

1. 대출안내

• 대출대상

아래의 요건을 모두 충족하는 자

(1) (계약) 주택임대차계약을 체결하고 임차보증금의 5% 이상을 지불한 자

(2) (세대주) 대출접수일 현재 민법상 성년인 단독세대주(예비 세대주 포함)

(3) (무주택) 세대주를 포함한 세대원 전원이 무주택인 자

(4) (중복대출 금지) 주택도시기금대출, 은행재원 전세자금대출 및 주택담보대출 미이용자

- (주택도시기금대출) 성년인 세대원 전원(세대가 분리된 배우자 및 자녀, 결혼예정 배우자, 배우자의 직계존속과 동거 세대를 구성하는 경우 배우자의 직계존속 포함)이 기금 대출을 이용 중이면 대출 불가

- (전세자금대출 및 주택담보대출) 차주 및 배우자(결혼예정 또는 분리된 배우자 포함)가 전세자금내출 및 주택담보대출을 이용 중이면 대출 불가

- (임차중도금대출 중복예외허용) 한국주택금융공사 주택보증서 담보로 취급된 기금 임차중도금(잔금포함) 대출을 이용 중인 대출자가 타 물건지에서 한국주택금융공사 주택보증서 담보로 기금 또는 은행재원

전세대출을 이용하고자 하는 경우

(5) (소득) 대출신청인과 배우자의 합산 총소득이 5천만원 이하인 자

(6) (자산) 대출신청인 및 배우자의 합산 순자산 가액이 통계청에서 발표하는 최근년도 가계금융복지조사의 '소득 5분위별 자산 및 부채현황' 중 소득 3분위 전체가구 평균값 이하(십만원 단위에서 반올림)인 자

- 2023년도 기준 3.61억원

- 자산심사 관련 자세한 사항은 기금포탈 [고객서비스]-[자산심사 및 금리안내]-[자산 심사 안내]를 참고(바로가기)

(7) (신용도) 아래 요건을 모두 충족하는 자
  신청인(연대입보한 경우 연대보증인 포함)이 한국신용정보원 "신용정보관리규약"에서 정하는 아래의 신용정보 및 해제 정보가 남아있는 경우 대출 불가능

① 연체, 대위변제·대지급, 부도, 관련인 정보

② 금융질서문란정보, 공공기록정보, 특수기록정보

③ 신용회복지원등록정보

  그 외, 부부에 대하여 대출취급기관 내규로 대출을 제한하고 있는 경우에는 대출 불가능

(8) (공공임대주택) 대출접수일 현재 공공임대주택에 입주하고 있는 경우 불가
  대출신청인 및 배우자가 퇴거하는 경우 대출가능(대출신청 물건지가 공공임대주택인 경우 취급 불가)

- **신청시기**
  - 임대차계약서상 잔금지급일과 주민등록등본상 전입일 중 빠른 날로부터 3개월이내까지 신청
  - 계약갱신의 경우에는 계약갱신일(월세에서 전세로 전환계약한 경우에는 전환일)로부터 3개월이내에 신청

- **대상주택**

  아래의 요건을 모두 충족하는 주택

  (1) 임차 전용면적

  임차 전용면적 60㎡ 이하 주택(60㎡ 이하 주거용 오피스텔 포함)

  (2) 임차보증금

  보증금 5천만원, 월세금 70만원 이하

- **대출한도**

  다음 중 작은 금액으로 산정

  (1) 호당대출한도

  보증금 대출은 최대 3,500만원, 월세금 대출은 최대 1,200만원(24개월 기준 월 최대 50만원 이내)

  (2) 소요자금에 대한 대출비율

  ① 신규계약

  보증금 대출금과 월세금 대출금(24개월 환산금액)의 합계액이 전세금액의 80% 이내(단 보증금 대출금은 전세금액의 70% 이내)

  ② 갱신계약

  보증금 대출금은 보증금 증액금액 이내에서 증액후 보증금액의 70%

이내, 월세금 대출금은 1,200만원 한도 이내

(3) 담보별 대출한도

주택도시보증공사 전세금안심대출보증 : 해당 보증 규정에 따름

※ 1년미만 재직자의 경우 대출한도가 2천만원 이하로 제한 될 수 있음

- **대출금리**

  (보증금) 연 1.3% (월세금) 연0% (20만원 한도), 1.0%(연 20만원 초과)

  ※ 자산심사 부적격자의 경우 가산금리가 부과

  자산심사 관련 자세한 사항은 기금포탈 [고객서비스]-[자산 심사 및 금리안내]-[자산 심사 안내]를 참고(바로가기)

- **이용기간**

  25개월 만기 일시상환(4회 연장하여 최장 10년 5개월 가능)

- **상환방법**

  일시상환

- **담보취득**

  주택도시보증공사 전세금안심대출보증

- **고객부담비용**

  - 인지세 : 고객/은행 각 50% 부담
  - 보증서 담보 취급 시 보증료

- **대출금지급방식**

  - 보증금 대출금은 임대인계좌에 입금함을 원칙. 단, 임대인에게 이미 임차보증금을 지급한 사실이 확인될 경우에는 임차인계좌로 입금 가능

  - 월세금 대출금은 아래와 같이 지급함

  (1) 대출실행 후 2년(24회차) 범위내에서 매월 약정일에 임대인 통장으로 지급. 부득이한 경우에는 임차인 통장으로 지급가능. 다만, 연지급을 요청하는 경우에는 반드시 임대인 통장으로 지급

  (2) 대출실행 후 매 1년마다 차주로부터 월세금 지급신청서를 제출받고 월세금 납부사실과 거주여부를 확인하며, 계약이 종료된 경우 또는 월세금을 연체한 경우에는 대출금지급을 중단하고 기한의 이익 상실(타목적물 전입하여 보증부 월세가 유지되는 경우 제외)

  (3) 대출실행 후 2년이 종료되는 시점에서 대출금액을 확정하며, 고객요청 등에 의해 대출금이 지급되지 않은 금액은 소급하여 지급 불가

  (4) 대출 연체발생으로 인해 지급되지 못한 월세금은 소급하여 지급 불가. 다만, 전회차 대출 실행 후 발생된 연체가 당회자 대출금 실행 전에 해소된 경우 당회차 월세금은 지급할 수 있다.

- **대출취급영업점**

  임차대상주택이 소재한 도내 영업점에서 취급이 원칙(우리, 국민, 신한은행 취급가능, 기업, 농협은행 2월 중 취급예정) 단, 특별시, 광역시는 동 시가 접한 도(특별시, 광역시 포함)와 동일지역으로

운용하고 영업점이 타 도 인접지역에 위치한 경우 타 도의 인접
시,군까지 취급

- **중도상환수수료**

  없음

- **대출계약 철회**

  아래의 기일 중 늦을 날로부터 14일 이내에 대출계약 철회 가능

  (1) 대출계약서류를 제공받은 날

  (2) 대출계약체결일

  (3) 대출실행일

  (4) 사후자산심사결과 부적격 확정통지일

  - 대출계약 철회는 채무자가 철회기한 이내에 원금과 이자 및 부대비용
    을 전액 반환한 때에 효력이 발생

  - 대출계약 철회권의 효력이 발생한 이후에는 철회권 행사취소 불가

- **유의사항**

  - 대출 취급 후 주택취득이 확인된 경우에는 본 대출금을 상환하
    여야 함

  - 쉐어하우스 입주자의 경우 본 대출상품 이용 불가

  - 본 대출상품은 제2금융권 전세자금대출 대환 불가

  - 주택도시기금대출은 「금융소비자보호법」의 위법계약해지권 적용
    대상이 아님

- **상담문의**

  - 대출 심사 관련한 상담은 아래의 콜센터 번호 및 기금 수탁은행 지점에서 가능합니다.

  - 자산심사 관련한 상담은 주택도시보증공사 콜센터 1566-9009 및 심사 진행 중 안내된 담당자 번호로 문의바랍니다.

- **업무취급은행**

  우리은행 1599-0800

  신한은행 1599-8000

  KB 국민은행 1599-1771

  NH 농협은행 1588-2100

  하나은행 1599-1111

2. 기한연장

- **대출대상**

  아래의 요건을 모두 충족하는 자

  (1) (계약) 주택임대차계약을 체결하고 해당주택에 전입 및 거주하는 자

  (2) (세대주) 대출접수일 현재 민법상 성년인 단독세대주

  (3) (무주택) 세대주를 포함한 세대원 전원이 무주택인 자

- **상환방법**

  상환방법 변경불가

- **유의사항**

  - 최초 취급된 대출금 또는 직전 연장시 잔액의 10% 이상 상환 또는 0.1% 가산금리를 적용. 단, 분할상환으로 최초 취급된 대출금 또는 직전 연장시 잔액의 10% 이상이 상환된 경우에는 적용하지 않음

  - 기한연장시 임대차계약서상 임차보증금이 대출금액 보다 적을 때에는 신 임차보증금이내로 대출금 일부상환처리

  - 신규시 주택도시보증공사 보증서가 담보로 취급된 경우 신임대차계약 체결 전 주택도시보증공사 보증서 발급 가능 물건지인지 확인 필요

- **상담문의**

  대출 심사 관련한 상담은 아래의 콜센터 번호 및 기금 수탁은행 지점에서 가능합니다.

3. 이용절차 및 제출서류

- **대출신청**

  (온라인신청) 기금e든든 홈페이지(https://enhuf.molit.go.kr)에서 가능

  (은행 방문 신청) 기금 수탁은행인 우리, 신한, 국민, 농협, 하나

은행에서 가능 이용 가능 지점은 은행 상황에 따라 다를 수 있습니다.

- **이용절차**

  ① 대출조건 확인
  기금포털 또는 은행상담을 통해 대출기본정보 확인

  ② 대출신청
  주택도시보증공사 기금e든든 또는 은행 방문 신청

  ③ 자산심사(HUG)
  자산 정보 수집 후 심사

  ④ 자산심사 결과 정보 송신(HUG)
  대출 신청 시 기입한 신청자 휴대폰번호로 SMS 결과 발송

  ⑤ 서류제출 및 추가심사 진행(수탁은행)
  은행 영업점에 필요 서류 제출
  소득심사, 담보물심사

  ⑥ 대출승인 및 실행
  대출가능 여부 및 대출한도 확인

  대출 실행

  ※ 자산심사 관련 자세한 사항은 기금포탈 [고객서비스]-[자산심사 및 금리안내]-[자산 심사 안내]를 참고

- **준비서류**

  - 본인확인 : 주민등록증, 운전면허증, 여권 중 택1

  - 대상자확인 : 주민등록등본

  △ 합가기간 확인 등 필요시 주민등록초본

△ 단독세대주 또는 배우자 분리세대 : 가족관계증명원

△ 배우자 외국인, 재외국민 또는 외국국적동포 : 외국인등록증 또는 국내거소신고사실증명

△ 결혼예정자 : 예식장계약서 또는 청첩장

- 재직 및 사업영위 확인 : 건강보험자격득실 확인서

△ (근로소득) 필요시 사업자등록증이 첨부된 재직증명서

△ (사업소득) 사업자등록증
  상기와 같은 방법으로 확인이 불가능한 경우에는 경력증명서, 위촉증명서, 고용계약서 등 이와 유사한 형태의 계약서 등

- 소득확인 : 소득구분별 아래의 서류

△ (근로소득) 세무서(홈텍스)발급 소득금액증명원 또는 ISA 가입용 소득확인증명서, 연말정산용 원천징수영수증(원천징수부 등 포함), 급여내역이 포함된 증명서 (재직회사가 확인날인한 급여명세표, 임금대장, 갑근세 원천징수 확인서, 일용근로소득지급명세서) 중 택1

△ (사업소득) 세무서(홈텍스)발급 소득금액증명원 또는 ISA 가입용 소득확인증명서, 사업소득 원천징수영수증(연말정산용), 세무사가 확인한 전년도 과세표준확정신고 및 납부 계산서 중 택1

△ (연금소득) 연금수급권자확인서 등 기타 연금수령을 확인할 수 있는 지급기관 증명서 (연금수령액이 표기되지 않은 경우 연금수령 통장)

△ (기타소득) 세무서(홈텍스)발급 소득금액증명원

△ (무소득) 신고사실없음 사실증명원

- 주택관련 : 확정일자부 임대차(전세)계약서 사본, 임차주택건물

등기사항전부증명서

- 기타확인 : 보증자격 확인서류, 담보제공 서류

※ 기타 심사 시 필요한 서류 추가 징구 가능

- **상담문의**

  - 대출 심사 관련한 상담은 아래의 콜센터 번호 및 기금 수탁은행 지점에서 가능합니다.

  - 자산심사 관련한 상담은 주택도시보증공사 콜센터 1566-9009 및 심사 진행 중 안내된 담당자 번호로 문의바랍니다.

4. 자주하는 질문

■ 소득산정은 세전인지, 세후인지?

○ 소득은 세전기준으로 산정됩니다.

■ 대출 실행 후 철회가 가능한지?

○ 대출 실행 후 아래의 기일 중 늦을 날로부터 14일 이내에 대출계약 철회 가능

1) 대출계약서류를 제공받은 날

2) 대출계약체결일

3) 대출실행일

4) 사후자가산심사결과 부적격 확정통지일

- 대출계약 철회는 채무자가 철회기한 이내에 원금과 이자 및 부대비용

을 전액 반환한 때에 효력이 발생

○ 대출계약 철회권의 효력이 발생한 이후에는 철회권 행사취소 불가

■ 전세자금대출이 지원되지 않는 주택은?

○ 주택도시기금대출의 경우 주택도시기금법에 따라 국민주택 규모 이하
  의 주택 및 준주택 임차만 지원 가능합니다.

  - 주택 및 준주택은 주택법상 주택 및 준주택을 의미합니다.

 ※ 따라서, 주택법 상 주택 및 준주택에 포함되지 않는 생활 숙박시설
  등의 경우 대출 지원이 불가합니다.

○ 아래의 어느 하나에 해당이 되는 경우 지원 불가합니다.

  (1) 건물등기부등본 또는 건축물관리대장상 임차대상 부분이 주거
     용이어야 하며, 임차목적물에 권리침해(압류, 가압류, 가등기,
     가처분, 경매 등)가 있는 경우에는 대출취급 할 수 없음

  (2) 임차대상주택이 직계존비속(배우자의 직계존비속 포함), 형제·
     자매 등 가족관계 소유인 경우 사회통념상 임대차계약에 의한
     자금수수가 이루어진다고 볼 수 없으므로 대출취급 할 수 없
     음. 단, 직계존비속을 제외한 형제·자매 등 임대차계약인 경우
     실질적 대금 지급내역을 입증하면 예외적으로 대출취급 가능

  (3) 공동주택 또는 다가구·다중주택 중 1가구의 일부분(예 : 단순
     히 일부 방만 임차하는 경우)을 임대차하는 경우에는 대출 취
     급을 할 수 없음. 단, 세대가 분리 되어있고 출장복명서를 통
     해 독립된 주거공간(출입문 공유 포함)으로 확인된 경우 대출
     취급 가능

  (4) 법인, 조합, 문중, 교회, 사찰, 임의단체 등 개인이 아닌자가

소유한 주택에 대해서는 기금 전세자금 취급불가. 단, 사업목적에 부동산임대업이 있는 법인소유주택은 대출취급 가능

(5) (임시)사용승인일 또는 연장된 (임시)사용승인일로부터 12개월이 경과한 미등기건물 또는 무허가 건물은 대출취급 할 수 없음

- (임시)사용승인후 12개월이내의 미등기 건물은 분양계약서사본, 입주안내문 사본, (임시)사용승인서 사본 등을 제출받아 임차목적물, 임대인 등을 확인 후 대출취급 할 수 있음 (사후 건물등기사항전부증명서 징구 불요)

(6) 본인 거주주택을 매도하고 매수인과 임대차계약을 체결하는 주택은 대출취급할 수 없음

○ 또한, 담보 취득이 불가능한 주택의 경우(보증서 발급 거절 등) 전세자금대출 지원이 불가합니다.

※ 주택도시기금대출은 기금수탁은행에 업무를 위탁하여 심사하고 있습니다. 개별 심사에 관한 자세한 사항은 기금수탁은행으로 문의하시기 바랍니다.

■ 복직자인 경우 소득 산정 기준은?

○ 복직 이후 월 평균급여로 인정합니다.

(급여명세표 합계액 ÷ 해당월수) × 12

- 단, 복직 이후 3개월 급여가 없는 경우 휴직자와 동일하게 산정

※ 주택도시기금대출은 기금수탁은행에 업무를 위탁하여 심사하고 있습니다. 개별 심사에 관한 자세한 사항은 기금수탁은행으로 문의하시기 바랍니다.

■ 휴직자인 경우 소득 산정 기준은?

○ 신청일 현재 휴직자는 휴직 직전 1개년 소득으로 인정합니다. 단, 최근 3년내에 1개월 이상의 소득이 없으면 무소득 간주

　※ 주택도시기금대출은 기금수탁은행에 업무를 위탁하여 심사하고 있습니다. 개별 심사에 관한 자세한 사항은 기금수탁은행으로 문의하시기 바랍니다.

■ 일용계약직인 경우 재직 확인 및 소득 산정 기준은?

○ 일용계약직의 경우 세무서발행 소득금액증명원(소득구분 일용근로소득)상의 금액 또는 최근 1년 이내 일용근로소득 지급명세서의 합계액을 기준으로 소득을 인정합니다.

- 단, 객관적인 서류로 재직기간이 입증되는 경우에는 연환산 가능

　※ 주택도시기금대출은 기금수탁은행에 업무를 위탁하여 심사하고 있습니다. 개별 심사에 관한 자세한 사항은 기금수탁은행으로 문의하시기 바랍니다.

■ 프리랜서인 경우 재직 확인 및 소득 산정 기준은?

○ 개인사업자인 프리랜서의 경우 사업자등록증(또는 사업자등록증명원)으로 사업 영위를 확인합니다.

- 폐업한 경우 해당 소득을 인정하지 않으나, 보험설계사 등이 제출한 최근년도 소득자료가 현 사업과 동일한 업종 및 업태의 소득자료인 경우 소득을 인정

○ 상기와 같은 방법으로 재직 및 사업영위 사실확인이 불가능한 경우에는 경력증명서, 위촉증명서, 고용계약서 등 이와 유사한 형태의 계

약서 등으로 확인 가능합니다.

○ 개인사업자인 프리랜서의 경우 소득을 사업소득으로 구분하며, 사업소득의 경우 최근발행 사업소득원천징수영수증, 소득금액증명원 또는 종합소득세 과세표준확정신고 및 납부 계산서(세무사확인분) 상 금액으로 확인합니다.

※ 주택도시기금대출은 기금수탁은행에 업무를 위탁하여 심사하고 있습니다. 개별 심사에 관한 자세한 사항은 기금수탁은행으로 문의하시기 바랍니다.

■ 기타소득의 경우 소득 산정 기준은?

○ 기타소득의 경우 재직 및 사업영위 등 사실확인을 생략합니다.

○ 기타소득인 경우 최근발행 소득금액증명원 상 금액으로 확인합니다.

○ 수령기간이 1년 미만인 기타소득(이자소득 등)의 경우 연소득으로 환산이 불가능합니다.

※ 주택도시기금대출은 기금수탁은행에 업무를 위탁하여 심사하고 있습니다. 개별 심사에 관한 자세한 사항은 기금수탁은행으로 문의하시기 바랍니다.

■ 연금소득의 경우 소득 산정 기준은?

○ 연금소득의 경우 재직 및 사업영위 등 사실확인을 생략합니다.

○ 연금소득인 경우 연금수급권자 확인서 등 증명서, 금액이 확인되지 않는 경우 연금수령통장 상 금액으로 확인합니다.

○ 수령기간이 1년 미만인 연금소득 연소득으로 환산하여 적용합니다. (월환산)

※ 주택도시기금대출은 기금수탁은행에 업무를 위탁하여 심사하고 있습니다. 개별 심사에 관한 자세한 사항은 기금수탁은행으로 문의하시기 바랍니다.

■ 사업소득의 경우 사업영위 확인 및 소득 산정 기준은?

○ 사업자의 경우 사업자등록증(또는 사업자등록증명원)으로 사업 영위를 확인합니다.

○ 사업소득의 경우 최근발행 사업소득원천징수영수증, 소득금액증명원 또는 종합소득세 과세표준확정신고 및 납부 계산서(세무사확인분) 상 금액으로 확인합니다.

- 근로·사업소득의 경우 과세신고 하였으나 아직 전년도 소득입증자료가 발급되지 않는 경우에는 이전년도 소득입증자료로 연소득을 산정

○ 사업영위기간이 1년 미만인 사업소득의 경우 연소득으로 환산이 불가능합니다.

※ 주택도시기금대출은 기금수탁은행에 업무를 위탁하여 심사하고 있습니다. 개별 심사에 관한 자세한 사항은 기금수탁은행으로 문의하시기 바랍니다.

■ 근로소득의 경우 재직 확인 및 소득 산정 기준은?

○ 근로소득자의 경우 건강보험자격득실확인서로 재직을 확인합니다. 단, 직장건강보험 적용 제외 등의 사유로 직장건강보험에 가입하지 않은 경우에는 재직증명서 및 사업자등록증(또는 사업자등록증명원) 사본으로 확인

○ 근로소득의 경우 최근발행 원천징수영수증, 소득금액증명원, 최근발행 급여내역서 상 금액으로 확인합니다.

- 근로·사업소득의 경우 과세신고 하였으나 아직 전년도 소득입증자료가 발급되지 않는 경우에는 이전년도 소득입증자료로 연소득을 산정
- 단, 근로소득의 경우 전년도 원천징수영수증이 발급되는 경우에는 전전전년도 소득입증자료를 사용 불가
- 원천징수영수증 상 비과세소득은 제외
○ 재직기간이 1년 미만인 근로소득의 경우 급여내역서상 총금액을 연소득으로 환산하여 적용합니다.(월환산)
- 단, 1개월이상 재직하여 온전한 한 달치 이상의 소득이 존재해야 함
- (예시) 3.4 입사자의 경우 4.30까지 만근 후 대출 신청 가능

※ 주택도시기금대출은 기금수탁은행에 업무를 위탁하여 심사하고 있습니다. 개별 심사에 관한 자세한 사항은 기금수탁은행으로 문의하시기 바랍니다.

■ 퇴사 혹은 폐업한 경우 소득 산정 기준은?
○ 재직여부, 사업영위를 확인하여 퇴직한 전 근무지, 폐업한 사업장의 소득은 인정 불가합니다. 단, 사업자등록증이 있는 개인사업자의 경우 최근년도 소득금액증명원을 제출하였으나 신규 사업을 개시하여 상호가 변경되었다면, 업종 및 업태가 동일한 경우에 소득을 인정
○ 대출접수일 기준 퇴직한 경우 퇴직증명서(또는 건강보험자격득실확인서), 폐업한 경우 폐업증명서 등으로 확인 후 연소득이 없는 것으로 간주합니다.

※ 주택도시기금대출은 기금수탁은행에 업무를 위탁하여 심사하고 있습니다. 개별 심사에 관한 자세한 사항은 기금수탁은행으로 문의하시기 바랍니다.

■ 대출대상자 소득 산정 기준은?

○ 소득의 종류는 근로소득, 사업소득, 연금소득, 기타소득으로 구분합니다.

- 연금의 범위는 공적연금39), 기업연금, 개인연금을 포함

- 기타소득은 이자, 배당소득 등 소득금액증명원 상 확인되는 금액

- 근로소득, 사업자등록이 있는 사업소득, 공적연금소득(국민연금, 공무원연금, 군인연금, 사립학교교직원연금, 별정우체국연금)이 있는 경우 해당 소득은 필수 합산 대상

※ 주택도시기금대출은 기금수탁은행에 업무를 위탁하여 심사하고 있습니다. 개별 심사에 관한 자세한 사항은 기금수탁은행으로 문의하시기 바랍니다.

■ 무주택자만 대출이 가능한데, 주택 소유를 확인하는 세대원의 범위는?

○ 무주택 검색 대상 세대원은 아래와 같습니다.

 (1) 세대주 및 세대원40) 전원

 (2) 분리된 배우자 및 그 배우자와 동일한 세대를 이루고 있는 직계비속

 (3) 세대주로 인정되는 자의 민법상 미성년인 형제,자매

 (4) 공동명의 담보제공자

※ 주택도시기금대출은 기금수탁은행에 업무를 위탁하여 심사하고 있습니다. 개별 심사에 관한 자세한 사항은 기금수탁은행으로 문의하시기 바랍니다.

---

39) 군인연금, 공무원연금, 사립학교교원연금, 국민연금(노령연금, 장해연금, 유족연금 등) 등 국가, 지방자치단체 공공기관이 지급하는 모든 종류의 연금 소득(기초생활수급비, 국가 유공자 보상금, 보훈급여 등 연금형식으로 지급하는 각종 보상금과 수당 등을 포함)
40) 배우자, 직계존속(배우자의 직계존속) 또는 직계비속

■ 주택 소유 중인데, 무주택으로 보는 경우는?

○ 주택도시기금은 무주택서민의 주거안정 및 주거복지향상을 목적으로 조성,지원되는 자금으로서, 유주택자의 판단은 대상주택의 규모, 가격, 소재지등에 관계없이 기금대출 대상에서 제외됩니다.

○ 분양권 및 조합원 입주권을 보유한 경우도 주택 보유로 확인됩니다. (전세자금대출 신청자의 경우 분양권 및 조합원 입주권은 주택으로 산정하지 않음)

○ 이는 무주택서민을 위한 주거안정자금이므로 개인의 특수 사정은 고려 대상이 될수 없으나, 다음 아래에 해당하는 경우 주택을 소유한 경우에도 무주택자로 인정 가능하므로 참고하시기 바랍니다.

(1) 상속으로 인하여 주택의 공유지분을 취득한 사실이 판명되어 그 지분을 처분한 경우

(2) 도시지역이 아닌 지역 또는 면의 행정구역(수도권은 제외한다)에 건축되어 있는 주택으로서 다음 하나에 해당하는 주택의 소유자가 해당 주택건설지역에 거주(상속으로 주택을 취득한 경우에는 피상속인이 거주한 것을 상속인이 거주한 것으로 본다)하다가 다른 주택건설지역으로 이주한 경우

가. 사용승인후 20년이상 경과된 단독주택

나. 85㎡이하의 단독주택

다. 소유자의 「가족관계의 등록에 관한 법률」에 따른 최초 등록기준지에 건축되어 있는 주택으로서 직계존속 또는 배우자로부터 상속 등에 의하여 이전받은 단독주택

(3) 개인주택사업자가 분양을 목적으로 주택을 건설하여 이를 분

양 완료하였거나 그 지분을 처분한 경우

(4) 세무서에 사업자로 등록한 개인사업자가 그 소속근로자의 숙소로 사용하기 위하여 ?주택법? 제10조 제3항에 따라 주택을 건설하여 소유하고 있거나 정부시책의 일환으로 근로자에게 공급할 목적으로 사업계획승인을 얻어 건설한 주택을 공급받아 소유하고 있는 경우

(5) 20㎡이하의 주택을 소유하고 있는 경우. 다만, 2호 또는 2세대이상의 주택을 소유한 자는 제외한다.

(6) 60세 이상의 직계존속(배우자의 직계존속 포함)이 주택을 소유하고 있는 경우

(7) 건물등기사항전부증명서 또는 건축물관리대장의 공부상 주택으로 등재되어 있으나 주택이 낡아 사람이 살지 아니하는 폐가이거나 주택이 멸실되었거나 주택이 아닌 다른 용도로 사용되고 있는 경우 멸실시키거나 실제 사용하고 있는 용도로 공부를 정리한 경우

(8) 무허가건물을 소유하고 있는 경우

※ 주택도시기금대출은 기금수탁은행에 업무를 위탁하여 심사하고 있습니다. 개별 심사에 관한 자세한 사항은 기금수탁은행으로 문의하시기 바랍니다.

■ 대출접수일의 기준은?

○ 공사 비대면(기금e든든)에서 접수한 경우 : 기금e든든 시스템에서 접수를 완료한 날(본인 및 배우자의 정보제공동의가 모두 완료된 날)

○ 은행 영업점 또는 주택금융공사 비대면에서 접수한 경우 : 은행 영업

점 또는 한국주택금융공사에서 기금e든든으로 대출신청정보를 수신한 날

○ 모든 심사(가산금리 부과 포함)는 대출접수일을 기준으로 진행됩니다.

  - 자산심사 시 금융자산 및 금융부채 금액은 '조회기준일' 기준으로 수집됩니다.

※ 자산심사 관련 자세한 사항은 기금포탈 [고객서비스]-[자산심사 및 금리안내]-[자산 심사 안내]를 참고

PART 3. 청년전용 버팀목전세자금

- 주택도시기금의 개인상품 중 청년전용 전세자금대출입니다.
- 전세자금이 부족한 청년들에게 청년전용 버팀목 전세자금을 대출해 드립니다.

1. 대출안내

● 대출대상

아래의 요건을 모두 충족하는 자

(1) (계약) 주택임대차계약을 체결하고 임차보증금의 5% 이상을 지불한 자

(2) (세대주) 대출접수일 현재 만19세 이상 만34세 이하의 세대주 (예비 세대주 포함). 단, 쉐어하우스(채권양도협약기관 소유주택에 한함)에 입주하는 경우 예외적으로 세대주 요건을 만족하지 않아도 이용 가능

(3) (무주택) 세대주를 포함한 세대원 전원이 무주택인 자

(4) (중복대출 금지) 주택도시기금대출, 은행재원 전세자금대출 및 주택담보대출 미이용자
(주택도시기금대출) 성년인 세대원 전원(세대가 분리된 배우자 및 자녀, 결혼예정 배우자, 배우자의 직계존속과 동거세대를 구성하는 경우 배우자의 직계존속 포함)이 기금 대출을 이용 중이면 대출 불가
(전세자금대출 및 주택담보대출) 차주 및 배우자(결혼예정 또

는 분리된 배우자 포함)가 전세자금대출 및 주택담보대출을 이용 중이면 대출 불가

(임차중도금대출 중복예외허용) 아래 중 하나에 해당하는 경우 예외적으로 중복 허용

① 한국주택금융공사 주택보증서 담보로 취급된 기금 또는 은행재원 전세자금 대출을 이용중인 대출자가 한국주택금 융공사 주택보증서 담보로 타 물건지의 기금 임차중도금 (잔금포함) 대출을 이용하려는 경우

② 한국주택금융공사 주택보증서 담보로 취급된 기금 임차 중도금(잔금포함) 대출을 이용 중인 대출자가 타 물건지에서 한국주택금융공사 주택보증서 담보로 기금 또는 은행재원 전세대출을 이용하고자 하는 경우

※ 임차중도금 대출의 자세한 사항은 '임차중도금대출' 안내를 참고

(5) (소득) 대출신청인과 배우자의 합산 총소득이 5천만원 이하인 자, 단, 혁신도시 이전 공공기관 종사자, 타 지역으로 이주하는 재개발 구역내 세입자, 다자녀가구, 2자녀 가구인 경우 6천만원 이하, 신혼가구인 경우는 7.5천만원 이하인 자

(6) (자산) 대출신청인 및 배우자의 합산 순자산 가액이 통계청에서 발표하는 최근년도 가계금융복지조사의 '소득 5분위별 자산 및 부채현황' 중 소득 3분위 전체가구 평균값 이하(십만원 단위에서 반올림)인 자

- 2023년도 기준 3.61억원

- 자산심사 관련 자세한 사항은 기금포탈 [고객서비스]-[자산심사 및 금리안내]-[자산 심사 안내]를 참고

(7) (신용도) 아래 요건을 모두 충족하는 자
신청인(연대입보한 경우 연대보증인 포함)이 한국신용정보원 "신용정보관리규약"에서 정하는 아래의 신용정보 및 해제 정

보가 남아있는 경우 대출 불가능

① 연체, 대위변제·대지급, 부도, 관련인 정보

② 금융질서문란정보, 공공기록정보, 특수기록정보

③ 신용회복지원등록정보

그 외, 부부에 대하여 대출취급기관 내규로 대출을 제한하고 있는 경우에는 대출 불가능

(8) (공공임대주택) 대출접수일 현재 공공임대주택에 입주하고 있는 경우 불가
대출신청 물건지가 해당 목적물인 경우 또는 대출신청인 및 배우자가 퇴거하는 경우 대출가능

• 신청시기

- 임대차계약서상 잔금지급일과 주민등록등본상 전입일 중 빠른 날로부터 3개월이내까지 신청

- 계약갱신의 경우에는 계약갱신일(월세에서 전세로 전환계약한 경우에는 전환일)로부터 3개월이내에 신청

• 대상주택

아래의 요건을 모두 충족하는 주택

(1) 임차 전용면적
임차 전용면적 85㎡ 이하 주택(주거용 오피스텔 포함) 및 채권양도 협약기관 소유의 기숙사(호수가 구분되어 있고 전입신고가 가능한 경우에 한함)(단, 만25세미만 단독세대주인 경우 60㎡ 이하 주택)
단, 쉐어하우스(채권양도협약기관 소유주택에 한함)에 입주하는 경우 예외적으로 면적 제한 없음

(2) 임차보증금
   3억원 이하

- **대출한도**

다음 중 작은 금액으로 산정

(1) 호당대출한도
   2억원 이하(단, 만25세미만 단독세대주인 경우 1.5억원 이하)

(2) 소요자금에 대한 대출비율

① 신규계약
   전세금액의 80% 이내

② 갱신계약
   증액금액 이내에서 증액 후 총 보증금의 80% 이내

(3) 담보별 대출한도

① 한국주택금융공사 전세대출보증 : 해당 보증 규정에 따름

② 주택도시보증공사 전세금안심대출보증 : 해당 보증 규정에 따름

③ 채권양도협약기관 반환채권양도 : 연간인정소득 - 본인 부채금액의
   25% - 기 기금전세자금대출잔액

※ 연간인정소득 산정 방법

연간소득	연간인정소득
무소득자 (15백만원 이하자 포함)	45백만원
15백만원 초과 20백만원 이하	연간소득×3.5
20백만원 초과	연간소득×4.0
1년미만 재직자의 경우 대출한도가 2천만원 이하로 제한될 수 있음	

대출

※ 대출금리

부부합산 연소득	임차보증금
	3억원 이하
~ 2천만원 이하	연 1.8%
2천만원 초과 ~ 4천만원 이하	연 2.1%
4천만원 초과 ~ 6천만원 이하	연 2.4%
6천만원 초과 ~ 7.5천만원 이하	연 2.7%

'20.5.8~'20.8.9까지 접수된 청년가구 우대금리(0.6%p) 부여 계좌는 변경 전 기준금리(소득구간별 1.8%~2.4%)가 적용되며, 연장 시점에 변경된 기준금리가 적용됩니다.

○ 금리우대(중복 적용 불가)
   ① 연소득 4천만원 이하 기초생활수급권자·차상위계층 연 1.0%p
   ② 연소득 5천만원 이하 한부모가구 연 1.0%p
   ③ 장애인·노인부양·다문화·고령자가구 연 0.2%p

○추가우대금리(①,②,③ 중복 적용 가능)
① 주거안정 월세대출 성실납부자 연 0.2%p
② 부동산 전자계약 체결(2023.12.31. 신규 접수분까지) 연 0.1%p
③ 다자녀가구 연 0.7%p, 2자녀가구 연 0.5%p, 1자녀가구 연 0.3%p
④ 청년가구(만25세 미만, 전용면적 60㎡이하, 보증금 3억원이하, 대출금 1.5억원이하 단독세대주) 연 0.3%p

※ '20.5.8~'20.8.9까지 접수된 청년가구 우대금리(0.6%p) 부여 계좌는 변경 전 우대금리(0.6%p)가 적용되며, 연장 시점에 변경된 우대금리가 적용됩니다.
※ 우대금리 적용 후 최종금리가 연 1.0% 미만인 경우에는 연 1.0%로 적용
※ 자산심사 부적격자의 경우 가산금리가 부과 자산심사 관련 자세한 사항은 기금 포탈 [고객서비스]-[자산심사 및 금리안내]-[자산 심사 안내]를 참고

- **이용기간**

  - 2년(4회 연장하여 최장 10년 가능)

  - 주택도시보증공사 전세금안심대출 보증서 : 최대 2년 1개월 (4회 연장하여 최장 10년 5개월 가능)

  - 최장 10년 이용 후 연장시점 기준 미성년 1자녀당 2년 추가(최장 20년 이용 가능)

- **상환방법**

  일시상환 또는 혼합상환

- **담보취득**

  아래 중 하나 선택

  (1) 한국주택금융공사 전세대출보증

  (2) 주택도시보증공사 전세금안심대출보증

  (3) 채권양도협약기관 반환채권양도
     임차인의 보증금 반환채권을 금융기관에 양도하는 방식으로 공사와 협약된 기관의 경우에만 담보 인정 가능

  ※ 채권양도협약기관(2022.12 기준)
     LH, SH, 경기도시공사, 부산도시공사, 전북개발공사, 공공임대리츠 1~16호, 국민행복주택리츠 1~2호, 청년희망리츠

  ※ 단, 쉐어하우스(채권양도협약기관 소유주택에 한함)에 입주하는 경우 반환채권양도방식만 가능

  ※ 부산, 대구은행 신청 시 채권양도협약기관 반환채권양도 방식 신청 불가

• 보증 종류별 안내

구분	전세금안심대출보증(HUG)	전세자금보증(HF)
내용	전세보증금반환보증 + 대출보증(특약) * 분리 불가	대출보증 * 전세보증금반환보증 별도 가입 가능
보증 한도	(1) 목적물별 보증한도 　주택가격 x 담보인정비율 – 　선순위 채권 등 (2) 소요자금별 보증한도 　①, ②, ③ 중 적은 금액 　① 전세보증금 이내 　② 전세보증금반환보증금액 　　의 80% 이내 * 중소기업 취업청년 대상 버팀목 전 세자금대출의 경우 100%에 해당 하는 금액 * (우리은행만 해당) 노후고시원 거 주자 이주자금 대상 버팀목 전세 자금대출의 경우 100%에 해당하 는 금액 　③ 대출한도 금액	(1) 보증종류별 보증한도 　4억원 – 동일한 기 전세자금 　보증잔액 (2) 소요자금별 보증한도 　①, ② 중 적은 금액 　① 임차보증금 80% 이내 　② 신청인의 보증신청 금액 (3) 상환능력별 보증한도 　연간인정소득 – 연간부채상환 　예상액 + 상환방식별 우대금 　액 – 동일한 기전세자금 보증 　잔액
특징	목적물에 따라 보증 가능여부 및 한도가 결정	보증신청인의 소득 및 신용도에 따 라 보증 가능여부 및 한도가 결정
문의 안내	주택도시보증공사 콜센터(1566-9 009) 또는 기금수탁은행	주택금융공사콜센터(1688-8114) 또는 기금수탁은행

• 고객부담비용

- 인지세 : 고객/은행 각 50% 부담

- 보증서 담보 취급 시 보증료

- **대출금지급방식**

  임대인계좌에 입금함을 원칙. 단, 임대인에게 이미 임차보증금을 지급한 사실이 확인될 경우에는 임차인계좌로 입금 가능

- **대출취급영업점**

  임차대상주택이 소재한 도내 영업점에서 취급이 원칙. 단, 특별시,광역시는 동 시가 접한 도(특별시, 광역시 포함)와 동일지역으로 운용하고 영업점이 타 도 인접지역에 위치한 경우 타 도의 인접 시,군까지 취급

- **중도상환수수료**

  없음

- **대출계약 철회**

  아래의 기일 중 늦을 날로부터 14일 이내에 대출계약 철회 가능

  1) 대출계약서류를 제공받은 날

  2) 대출계약체결일

  3) 대출실행일

  4) 사후자산심사결과 부적격 확정통지일

  - 대출계약 철회는 채무자가 철회기한 이내에 원금과 이자 및 부대비용을 전액 반환한 때에 효력이 발생
  - 대출계약 철회권의 효력이 발생한 이후에는 철회권 행사 취소 불가

- **유의사항**

  - 대출 취급 후 주택취득이 확인된 경우에는 본 대출금을 상환하여야 함

  - 주택도시보증공사 보증서를 담보로 취급된 대출의 경우 추가대출 불가(전체 수탁은행) 및 대출이용기간 중도 목적물 변경 불가(하나은행)

  - 주택도시기금대출은 「금융소비자보호법」의 위법계약해지권 적용대상이 아님

- **상담문의**

  - 대출 심사 관련한 상담은 아래의 콜센터 번호 및 기금 수탁은행 지점에서 가능합니다.

  - 자산심사 관련한 상담은 주택도시보증공사 콜센터 1566-9009 및 심사 진행 중 안내된 담당자 번호로 문의바랍니다.

- **업무취급은행**

  우리은행 1599-0800

  KB 국민은행 1599-1771

  하나은행 1599-1111

  NH 농협은행 1588-2100

  신한은행 1599-8000

  대구은행 1566-5050

  부산은행 1800-1333

2. 임차중도금 대출

- ### 대출대상

  버팀목 대출 대출대상요건을 모두 충족하고 아래의 요건을 추가하여 충족하는 자

  - 주택도시보증공사의 주택임대보증 또는 임대보증금보증(사용검사 전)을 발급받은 임대사업자와 임대차계약을 체결한 세대주

- ### 신청시기

  임대차계약을 체결한날로부터 잔금 완납 전까지

- ### 대출한도

  - 버팀목 대출 한도와 동일
  - 임차중도금(잔금포함)은 신규 건으로 취급하여 별도 한도 운영

- ### 담보취득

  한국주택금융공사 집단전세자금보증 또는 HUG 주택도시보증공사 주택임차자금보증. 단, 전세대출(기금, 은행)을 받는 자가 타 물건지에 기금 임차중도금 대출을 신청하는 경우(반대의 경우 포함) 한국 주택금융공사 보증만 가능하며, 이 경우 임차중도금 목적물 입주와 동시에 기존 기금 전세대출을 전액 상환해야 함

- ### 유의사항

  상기 이외 사항은 버팀목전세자금 대출기준을 따름

- **상담문의**

  - 대출 심사 관련한 상담은 아래의 콜센터 번호 및 기금 수탁은행 지점에서 가능합니다.

  - 자산심사 관련한 상담은 주택도시보증공사 콜센터 1566-9009 및 심사 진행 중 안내된 담당자 번호로 문의바랍니다.

3. 대환대출

- **시중은행 전세자금대출 대환**

  - 대출대상 : 버팀목전세자금 대출대상 및 신청시기 요건을 모두 충족하고 아래의 요건을 추가하여 충족하는 자

  주택도시보증공사, 한국주택금융공사 또는 서울보증보험 보증(보험)서를 담보로 취급된 은행재원(동일은행 및 타행) 전세자금 대출을 이용중인 자

  - 대출한도 : 1. 버팀목전세자금 호당대출한도, 2. 버팀목전세자금 담보별 대출한도, 3. 아래의 소요자금에 대한 대출비율 중 작은 금액으로 산정

  - 소요자금에 대한 대출비율

  ① 신규계약

  · 기존 전세자금대출 잔액범위 이내에서 전세금액의 80% 이내

  ※ 임차중도금 목적으로 이용 중인 경우 기존 임차중도금대출 잔액에 잔금까지 포함한 금액 이내에서 전세금액의 80%이내

  ② 갱신계약

  · 기존 전세자금대출 잔액범위 이내에서 전세금액의 80% 이내

- **제2금융권 전세자금대출 대환**(LH, 지방공사와 임대차계약을 체결한 경우)

  - 대출대상 : LH, 지방공사(채권양도협약기관에 한함)와 임대차계약을 체결하였으며, 제2금융권 전세자금 대출을 정상이용 중인 세대주

  - 신청시기 : 제한없음(제2금융권 전세대출을 받고 임대차 계약이 유지되는 기간 內)

  - 대출한도 : 1. 버팀목전세자금 호당대출한도, 2. 버팀목전세자금 담보별 대출한도, 3. 아래의 소요자금에 대한 대출비율 중 작은 금액으로 산정

  소요자금에 대한 대출비율

  · 기존 전세자금대출 잔액범위 이내에서 전세금액의 80% 이내

- **제2금융권 전세자금대출 대환**(청년대상)

  - 대출대상 : 만 34세 이하 및 부부합산 연소득 2천만원 이하이며, 제2금융권 전세자금 대출을 정상이용 중인 세대주

  - 신청시기 : 제한없음(제2금융권 전세대출을 받고 임대차 계약이 유지되는 기간 內)

  - 대상주택 : 전용면적 60㎡, 보증금 5천만원 이하

  - 대출한도 :

  (1) 버팀목전세자금 담보별 대출한도
      아래의 2. 호당대출한도, 3.소요자금에 대한 대출비율 중 작은 금액으로 산정

  (2) 호당대출한도
      35백만원 및 대환 대출 잔액 중 작은 금액

(3) 소요자금에 대한 대출비율

기존 전세자금대출 잔액범위 이내에서 전세금액의 80% 이내

상기 이외 사항은 버팀목전세자금 대출기준을 따름

제2금융권 전세자금대출 대환(임차중도금 목적으로 이용 중인 경우)

- 대출대상 : 주택도시보증공사의 주택임대보증 또는 임대보증금보증(사용검사전)을 발급받은 임대사업자와 임대차계약을 체결하였으며, 제2금융권 전세자금 대출을 정상이용 중인 세대주

- 신청시기 : 임대차계약을 체결한날로부터 잔금완납전까지

- 대출한도 : 1. 버팀목전세자금 호당대출한도, 2. 버팀목전세자금 담보별 대출한도, 3. 아래의 소요자금에 대한 대출비율 중 작은 금액으로 산정

소요자금에 대한 대출비율

· 보증금의 80% 이내

기존 임차중도금대출 잔액에서 잔금까지 포함한 증액대환 가능

● 유의사항

보증기관별로 취급기준이 상이할 수 있으니 사전확인 필요

상기 이외 사항은 버팀목전세자금 대출기준을 따름

● 상담문의

대출 심사 관련한 상담은 아래의 콜센터 번호 및 기금 수탁은행 지점에서 가능합니다.

자산심사 관련한 상담은 주택도시보증공사 콜센터 1566-9009 및 심사 진행 중 안내된 담당자 번호로 문의바랍니다.

4. 기한연장

- **대출대상**

  아래의 요건을 모두 충족하는 자

  (1) (계약) 주택임대차계약을 체결하고 해당주택에 전입 및 거주하는 자

  (2) (세대주) 대출접수일 현재 민법상 성년인 세대주. 단, 쉐어하우스(채권양도협약기관 소유주택에 한함)에 입주하는 경우 예외적으로 세대주 요건을 만족하지 않아도 이용 가능

  (3) (무주택) 세대주를 포함한 세대원 전원이 무주택인 자

- **대출금리**

  (적용 우대금리 재판정) 아래의 우대금리 적용 계좌의 경우 신규신청시 조건과 동일여부 확인 후 변경세대는 해당 우대금리 적용 중단

  ① 연소득 4천만원 이하 기초생활수급권자·차상위계층

  ② 연소득 5천만원 이하 한부모가구

  ③ 장애인·노인부양·고령자가구

  ④ 청년가구(만25세 미만, 전용면적 60㎡이하, 보증금 3억원 이하, 대출금 1.5억원이하 단독세대주)

  (우대금리 추가적용) 대출기간중 또는 기한연장시 아래의 우대금리에 해당하는 경우 금리우대 가능

  ① 연소득 4천만원 이하 기초생활수급권자·차상위계층 연 1.0%p

  ② 연소득 5천만원 이하 한부모가구 연 1.0%p

  ③ 장애인·다문화 연 0.2%p

④ 다자녀가구, 2자녀가구, 1자녀가구

자녀수 증가에 따른 우대금리는 계좌취급일과 자녀수 증가일에 따라 금리가 다르게 적용됩니다. 자세한 사항은 [자주하는 질문]을 참고하시기 바랍니다.

- **상환방법**

상환방법 변경 가능

- **유의사항**

- 최초 취급된 대출금 또는 직전 연장시 잔액의 10% 이상 상환 또는 0.1% 가산금리를 적용. 단, 분할상환으로 최초 취급된 대출금 또는 직전 연장시 잔액의 10% 이상이 상환된 경우에는 적용하지 않음

- 기한연장시 임대차계약서상 임차보증금이 대출금액 보다 적을 때에는 신 임차보증금이내로 대출금 일부상환처리

- 신규시 주택도시보증공사 보증서가 담보로 취급된 경우 신임대차계약 체결 전 주택도시보증공사 보증서 발급 가능 물건지인지 확인 필요

- 신규 시 청년가구(만25세미만, 전용면적 60㎡이하, 보증금 3억원이하, 대출금 1.5억원이하 단독세대주) 우대금리가 적용된 경우, 기한연장 시 요건 중 하나라도 충족하지 않는 경우 우대금리 적용 중단(나이 제외)

- **상담문의**

대출 심사 관련한 상담은 아래의 콜센터 번호 및 기금 수탁은행 지점에서 가능합니다.

5. 추가대출

• 대출대상

아래의 요건을 모두 충족하는 자

(1) 직전 대출 받은 날로부터 1년 이상 경과한 경우
공공임대주택 추가대출 신청하는 경우는 해당 주택에 계속해서 3개월(전입일 기준)거주 및 직전 대출받은 날로부터 3개월 이상 경과한 경우

(2) 임차보증금이 증액 (새로운 임차목적물로 이전하는 경우 포함)하는 경우

• 대출한도

다음 중 작은 금액으로 산정

(1) 호당대출한도
2억원 이하(단, 만25세미만 단독세대주인 경우 1.5억원 이하)

(2) 소요자금에 대한 대출비율
증액금액 이내에서 증액 후 총 보증금의 80% 이내

(3) 담보별 대출한도

① 한국주택금융공사 전세대출보증 : 해당 보증 규정에 따름

② 채권양도협약기관 반환채권양도 : 연간인정소득 - 본인 부채금액의 25% - 기 기금전세자금대출잔액

③ 주택도시보증공사 전세금안심대출보증 : 추가대출 불가

- **유의사항**

  주택도시보증공사 보증서를 담보로 취급된 대출의 경우 추가대출 불가(전체 수탁은행) 및 대출이용기간 중도 목적물 변경 불가(하나 은행)

- **상담문의**

  대출 심사 관련한 상담은 아래의 콜센터 번호 및 기금 수탁은행 지점에서 가능합니다.

6. 이용절차 및 제출서류

- **대출신청**

  (온라인신청) 기금e든든 홈페이지(https://enhuf.molit.go.kr)에서 가능

  (은행 방문 신청) 기금 수탁은행인 우리, 신한, 국민, 농협, 하나, 대구, 부산은행에서 가능 이용. 가능 지점은 은행 상황에 따라 다를 수 있습니다.

- **이용절차**

  ① 대출조건 확인
     기금포털 또는 은행상담을 통해 대출기본정보 확인

  ② 대출신청
     주택도시보증공사 기금e든든 또는 은행 방문 신청

  ③ 자산심사(HUG)

자산 정보 수집 후 심사

④ 자산심사 결과 정보 송신(HUG)
대출 신청 시 기입한 신청자 휴대폰번호로 SMS 결과 발송

⑤ 서류제출 및 추가심사 진행(수탁은행)
은행 영업점에 필요 서류 제출
소득심사, 담보물심사

⑥ 대출승인 및 실행
대출가능 여부 및 대출한도 확인

대출 실행

※ 자산심사 관련 자세한 사항은 기금포탈 [고객서비스]-[자산심사 및 금리안내]-[자산 심사 안내]를 참고

• 준비서류

- 본인확인 : 주민등록증, 운전면허증, 여권 중 택1

- 대상자확인 : 주민등록등본
합가기간 확인 등 필요시 주민등록초본
단독세대주 또는 배우자 분리세대 : 가족관계증명원
배우자 외국인, 재외국민 또는 외국국적동포 : 외국인등록증 또는 국내거소신고사실증명
결혼예정자 : 예식장계약서 또는 청첩장

- 재직 및 사업영위 확인 : 건강보험자격득실 확인서
(근로소득) 필요시 사업자등록증이 첨부된 재직증명서
(사업소득) 사업자등록증
상기와 같은 방법으로 확인이 불가능한 경우에는 경력증명서, 위촉증명서, 고용계약서 등 이와 유사한 형태의 계약서 등

- 소득확인 : 소득구분별 아래의 서류

  (근로소득) 세무서(홈텍스)발급 소득금액증명원 또는 ISA 가입용 소득확인증명서, 연말정산용 원천징수영수증(원천징수부 등 포함), 급여내역이 포함된 증명서 (재직회사가 확인날 인한 급여명세표, 임금대장, 갑근세 원천징수 확인서, 일용근로소득지급명세서) 중 택1

  (사업소득) 세무서(홈텍스)발급 소득금액증명원 또는 ISA 가입용 소득확인증명서, 사업소득 원천징수영수증(연말정산용), 세무사가 확인한 전년도 과세표준확정신고 및 납부 계산서 중 택1

  (연금소득) 연금수급권자확인서 등 기타 연금수령을 확인할 수 있는 지급기관 증명서 (연금수령액이 표기되지 않은 경우 연금수령 통장)

  (기타소득) 세무서(홈텍스)발급 소득금액증명원

  (무소득) 신고사실없음 사실증명원

- 주택관련 : 확정일자부 임대차(전세)계약서 사본, 임차주택건물 등기사항전부증명서

- 기타확인 : 보증자격 확인서류, 담보제공 서류

  채권양도협약기관과 협약에 의한 채권양도방식 대출신청시에는 대출추천서

  쉐어하우스 입주자의 경우 대출추천서에 '쉐어하우스 입주자'임이 명기되어있어야 함

※ 기타 심사 시 필요한 서류 추가 징구 가능

- **상담문의**

  대출 심사 관련한 상담은 아래의 콜센터 번호 및 기금 수탁은행 지점에서 가능합니다.

  자산심사 관련한 상담은 주택도시보증공사 콜센터 1566-9009 및 심사 진행 중 안내된 담당자 번호로 문의바랍니다.

7. 자주하는 질문

■ 혁신도시 이전 공공기관 종사자의 요건은 무엇인지?

「공공기관 지방이전에 따른 지방이전계획」을 승인받은 이전 공공기관에 근무하고 「지방이전 공공기관 종사자 등에 관한 주택특별공급 운영기준 (국토해양부 고시 제2012-131호, 2012. 3. 22)」에 따른 「주택특별공급 대상자 확인서」를 발급받는 종사자(공공기관이 이전하는 지역의 광역자치단체와 인접 광역자치단체에 소재하는 주택을 구입·전세하는 경우에 한하며, "수도권정비계획법" 제2조 제1호에 따른 '수도권'은 제외)

■ 대출실행일로부터 1년 후 대출기간 중 목적물 변경으로 인하여 대환하는 경우 기한연장횟수 및 최장 대출기간은?

(주택도시보증공사 전세금안심대출보증, 한국주택금융공사 임대주택 입주자 특례보증 및 집단전세보증의 경우)

○ 최장 대출기간은 대환대출 전 최초 대출실행일로부터 기산한 기간을 기준으로함

○ 기한연장으로 보아 기한연장 횟수에서 차감하며, 1년 이용 후 대환

하는 경우 잔여 대출기간(1년)은 최장 대출기간에서 차감(대환시부터 3회 연장 가능, 최장 8년)

■ 대출기간 중 목적물 변경으로 인하여 대환하는 경우 타행간 대환 가능 여부?

○ 타행간 대환 불가

■ 소득산정은 세전인지, 세후인지?

○ 소득은 세전기준으로 산정됩니다.

■ 대출 실행 후 철회가 가능한지?

○ 대출 실행 후 아래의 기일 중 늦을 날로부터 14일 이내에 대출계약 철회 가능

  (1) 대출계약서류를 제공받은 날

  (2) 대출계약체결일

  (3) 대출실행일

  (4) 사후자가산심사결과 부적격 확정통지일

  - 대출계약 철회는 채무자가 철회기한 이내에 원금과 이자 및 부대비용을 전액 반환한 때에 효력이 발생

○ 대출계약 철회권의 효력이 발생한 이후에는 철회권 행사 취소 불가

■ 대출 이용 중 자녀를 출산한 경우 대출한도 및 대출이용기간 산정 기준은?

○ 대출이용기간은 당초 최장 연장기간(4회, 최장 10년) 만료일 기준 미성년 자녀수가 있는 경우 대출기간을 추가 연장 가능합니다.

- 이후 추가 연장 가능여부는 이전 연장기간의 만료일 기준으로 미성년 자녀수를 비교하여 판단

- (예시) 최장 연장기간 이후 추가 연장 적용 사례

  ① 1회차 추가연장을 위해서는 최장 연장기간 만료일 기준 1자녀이상 가구에 해당하여야 하며, 자녀수는 만료일 기준 미성년자녀로 판단

  ② 2회차 추가연장을 위해서는 1회차 추가연장 만료일 기준 2자녀이상 가구에 해당하여야 하며, 자녀수는 만료일 기준 미성년자녀로 판단

  ③ 3회차 추가연장을 위해서는 2회차 추가연장 만료일 기준 3자녀이상 가구에 해당하여야 하며, 자녀수는 만료일 기준 미성년자녀로 판단

  ④ 4회차 추가연장을 위해서는 3회차 추가연장 만료일 기준 4자녀이상 가구에 해당하여야 하며, 자녀수는 만료일 기준 미성년자녀로 판단

  ⑤ 5회차 추가연장을 위해서는 4회차 추가연장 만료일 기준 5자녀이상 가구에 해당하여야 하며, 자녀수는 만료일 기준 미성년자녀로 판단

○ 대출한도는 추가대출일 기준 미성년 자녀수가 2자녀 이상인 경우 호당대출한도 2.2억원까지 이용 가능합니다.

※ 주택도시기금대출은 기금수탁은행에 업무를 위탁하여 심사하고 있습니다. 개별 심사에 관한 자세한 사항은 기금수탁은행으로 문의하시기 바랍니다.

■ 대출 이용 중 자녀를 출산한 경우 우대금리 적용 기준은?

○ 자녀 출산에 따른 우대금리의 경우

  - (신규계좌) 2019.12.31. 이후 신규 접수분은 다자녀가구 0.7%, 2자녀가구 0.5%, 1자녀가구 0.3% 적용

  - (기존계좌) 2019.12.30. 이전 취급 계좌는 자녀수가 증가할 경우 우대금리를 변경하며, 자녀수 증가일을 기준으로 우대금리 수준을 결정

① 자녀수 증가일이 2018.9.27.이전 : 최초 우대금리 적용(다자녀 0.5%)

② 자녀수 증가일이 2018.9.28.~2019.12.30. : 다자녀가구 0.5%, 2자녀가구 0.3%, 1자녀가구 0.2%

③ 자녀수 증가일이 2019.12.31. 이후 : 다자녀가구 0.7%, 2자녀가구 0.5%, 1자녀가구 0.3%

■ 전세자금대출이 지원되지 않는 주택은?

○ 주택도시기금대출의 경우 ?주택도시기금법?에 따라 국민주택규모 이하의 주택 및 준주택 임차만 지원 가능합니다.

- 주택 및 준주택은 「주택법」 상 주택 및 준주택을 의미합니다. 따라서, 주택법 상 주택 및 준주택에 포함되지 않는 생활숙박시설 등의 경우 대출 지원이 불가합니다.

○ 아래의 어느 하나에 해당이 되는 경우 지원 불가합니다.

① 건물등기부등본 또는 건축물관리대장상 임차대상 부분이주거용이어야 하며, 임차목적물에 권리침해(압류, 가압류, 가등기, 가처분, 경매 등)가 있는 경우에는 대출취급 할 수 없음

② 임차대상주택이 직계존비속(배우자의 직계존비속 포함), 형제·자매 등 가족관계 소유인 경우 사회통념상 임대차계약에 의한 자금수수가 이루어진다고 볼 수 없으므로 대출취급 할 수 없음. 단, 직계존비속을 제외한 형제·자매 등 임대차계약인 경우 실질적 대금 지급내역을 입증하면 예외적으로 대출 취급 가능

③ 공동주택 또는 다가구·다중주택 중 1가구의 일부분(예 : 단순히 일부 방만 임차하는 경우)을 임대차하는 경우에는 대출 취급을 할 수 없음. 단, 세대가 분리 되어있고 출장복명서를 통해 독립된 주거공간(출입문 공유 포함)으로 확인된 경우 대출 취급 가능

④ 법인, 조합, 문중, 교회, 사찰, 임의단체 등 개인이 아닌 자가 소유한 주택에 대해서는 기금 전세자금 취급불가. 단, 사업목적에 부동산임대업이 있는 법인소유주택은 대출취급 가능

⑤ (임시)사용승인일 또는 연장된 (임시)사용승인일로부터 12개월이 경과한 미등기건물 또는 무허가 건물은 대출취급 할 수 없음

- (임시)사용승인후 12개월이내의 미등기 건물은 분양계약서 사본, 입주안내문 사본, (임시)사용승인서 사본 등을 제출받아 임차목적물, 임대인 등을 확인 후 대출취급 할 수 있음 (사후 건물등기사항전부증명서 징구 불요)

⑥ 본인 거주주택을 매도하고 매수인과 임대차계약을 체결하는 주택은 대출취급할 수 없음

○ 또한, 담보 취득이 불가능한 주택의 경우(보증서 발급 거절 등) 전세자금대출 지원이 불가합니다.

※ 주택도시기금대출은 기금수탁은행에 업무를 위탁하여 심사하고 있습니다. 개별 심사에 관한 자세한 사항은 기금수탁은행으로 문의하시기 바랍니다.

■ 전세자금대출 상환방법의 차이는?

○ 일시상환 : 원금을 만기에 일시상환하는 방식입니다.

○ 혼합상환 : 대출기간 중 원금 일부(10~50%)를 나누어 갚고 잔여원금을 만기에 일시상환하는 방식입니다.

※ 주택도시기금대출은 기금수탁은행에 업무를 위탁하여 심사하고 있습니다. 개별 심사에 관한 자세한 사항은 기금수탁은행으로 문의하시기 바랍니다.

■ 주거안정월세대출 성실납부자 우대금리 적용 기준은?

○ 아래의 요건을 만족하는 경우 고령자가구 우대금리를 적용받을 수 있습니다.

- 월세대출 약정 후 12회차 이상 지급되고, 총 대출 기간중 연체일수가 30일 이내에서 대출을 전액 상환한 자가 본건 대출을 2년이내 신청하는 경우

  ※ 주택도시기금대출은 기금수탁은행에 업무를 위탁하여 심사하고 있습니다. 개별 심사에 관한 자세한 사항은 기금수탁은행으로 문의하시기 바랍니다.

■ 고령자가구 우대금리 적용 기준은?

○ 아래의 요건을 만족하는 경우 고령자가구 우대금리를 적용받을 수 있습니다.

- 대출신청일 현재 주민등록등본상 신청인 또는 배우자가 만65세 이상인 가구

  ※ 주택도시기금대출은 기금수탁은행에 업무를 위탁하여 심사하고 있습니다. 개별 심사에 관한 자세한 사항은 기금수탁은행으로 문의하시기 바랍니다.

■ 노인부양가구 우대금리 적용 기준은?

○ 아래의 요건을 만족하는 경우 노인부양가구 우대금리를 적용받을 수 있습니다.

- 대출신청일 현재 주민등록등본상 만65세 이상 직계존속(배우자의 직계존속 포함)을 부양하는 가구

※ 주택도시기금대출은 기금수탁은행에 업무를 위탁하여 심사하고 있습니다. 개별 심사에 관한 자세한 사항은 기금수탁은행으로 문의하시기 바랍니다.

■ 청년가구 우대금리 적용 기준은?

○ 아래의 요건을 만족하는 경우 기존 청년가구 우대금리를 적용받을 수 있습니다. (단, 20.5.18 접수분까지 적용 가능)

- 만34세 이하, 연소득 2천만원 이하, 전용면적 60㎡이하, 보증금 5천만원 이하 세대주

○ 아래의 요건을 만족하는 경우 변경 후 청년가구 우대금리를 적용받을 수 있습니다. (단, 20.5.18 접수분부터 적용 가능)

- 만25세 미만, 전용면적 60㎡이하, 보증금 3억원이하, 대출금 1.5억원 이하 단독세대주

※ 주택도시기금대출은 기금수탁은행에 업무를 위탁하여 심사하고 있습니다. 개별 심사에 관한 자세한 사항은 기금수탁은행으로 문의하시기 바랍니다.

■ 부동산전자계약 우대금리 적용 기준은?

○ 아래의 요건을 만족하는 경우 부동산전자계약 우대금리를 적용받을 수 있습니다.

- 국토교통부 부동산전자계약 시스템(https://irts.molit.go.kr) 을 활용하여 주택의 매매계약을 체결한 경우

- 2022년 12월 31일 신규접수분까지만 적용 가능

※ 주택도시기금대출은 기금수탁은행에 업무를 위탁하여 심사하고 있습

니다. 개별 심사에 관한 자세한 사항은 기금수탁은행으로 문의하시기 바랍니다.

■ 다문화가구 우대금리 적용 기준은?

○ 아래 요건을 모두 만족하는 경우 다문화가구 우대금리를 적용받을 수 있습니다.

- 신청인과 배우자로 이루어진 가구

- 가족관계증명서 또는 기본증명서(귀화자)에 신청인의 배우자가 외국인이거나 귀화로 인한 국적취득자 또는 신청인이 귀화로 국적취득자인 가구

※ 주택도시기금대출은 기금수탁은행에 업무를 위탁하여 심사하고 있습니다. 개별 심사에 관한 자세한 사항은 기금수탁은행으로 문의하시기 바랍니다.

■ 장애인가구 우대금리 적용 기준은?

○ 아래 중 하나의 요건을 만족하는 경우 장애인가구 우대금리를 적용받을 수 있습니다.

신청인 또는 배우자, 신청인(배우자 포함)의 직계존비속인 세대원 중 주민등록등본상 1인 이상이

① 장애인증명서 발급대상인 가구

② 국가유공자확인원(전상군경, 공상군경, 4·19혁명부상자, 공상공무원, 국가사회발전 특별공로상이자, 6·18자유상이자, 전투종사군무원상이자) 발급대상인 가구

③ 국가보훈처로부터 지원공상군경, 재해부상군경, 지원공상공무원, 재해부상공무원임을 확인받은 가구

※ 주택도시기금대출은 기금수탁은행에 업무를 위탁하여 심사하고 있습

니다. 개별 심사에 관한 자세한 사항은 기금수탁은행으로 문의하시기
바랍니다.

■ 다자녀가구 우대금리 적용 기준은?

○ 아래의 요건을 만족하는 경우 다자녀가구 우대금리를 적용받을 수
있습니다.

- 가족관계증명서 또는 주민등록등본상 신청인의 만19세 미만의 자녀가
3인 이상(세대분리된 자녀포함)인 가구

※ 주택도시기금대출은 기금수탁은행에 업무를 위탁하여 심사하고 있습
니다. 개별 심사에 관한 자세한 사항은 기금수탁은행으로 문의하시기
바랍니다.

■ 한부모가구 우대금리 적용 기준은?

○ 아래 중 하나의 요건을 만족하는 경우 한부모가구 우대금리를 적용
받을 수 있습니다.

① 한부모 가족 지원법령에 따라 한부모 가족 증명서를 발급

② 가족관계증명서상 부자 또는 모자가구로서 주민등록등본상 신청인의
만 6세 이하 미취학 아동과 6개월 이상 세대 합가되어 있는 가구

※ 주택도시기금대출은 기금수탁은행에 업무를 위탁하여 심사하고 있습
니다. 개별 심사에 관한 자세한 사항은 기금수탁은행으로 문의하시
기 바랍니다.

■ 복직자인 경우 소득 산정 기준은?

○ 복직 이후 월 평균급여로 인정합니다.

(급여명세표 합계액 ÷ 해당월수) × 12

- 단, 복직 이후 3개월 급여가 없는 경우 휴직자와 동일하게 산정

  ※ 주택도시기금대출은 기금수탁은행에 업무를 위탁하여 심사하고 있습니다. 개별 심사에 관한 자세한 사항은 기금수탁은행으로 문의하시기 바랍니다.

■ 휴직자인 경우 소득 산정 기준은?

○ 신청일 현재 휴직자는 휴직 직전 1개년 소득으로 인정합니다.

- 단, 최근 3년내에 1개월 이상의 소득이 없으면 무소득 간주

  ※ 주택도시기금대출은 기금수탁은행에 업무를 위탁하여 심사하고 있습니다. 개별 심사에 관한 자세한 사항은 기금수탁은행으로 문의하시기 바랍니다.

■ 일용계약직인 경우 재직 확인 및 소득 산정 기준은?

○ 일용계약직의 경우 세무서발행 소득금액증명원(소득구분 일용근로소득)상의 금액 또는 최근 1년 이내 일용근로소득 지급명세서의 합계액을 기준으로 소득을 인정합니다.

- 단, 객관적인 서류로 재직기간이 입증되는 경우에는 연환산 가능

  ※ 주택도시기금대출은 기금수탁은행에 업무를 위탁하여 심사하고 있습니다. 개별 심사에 관한 자세한 사항은 기금수탁은행으로 문의하시기 바랍니다.

■ 프리랜서인 경우 재직 확인 및 소득 산정 기준은?

○ 개인사업자인 프리랜서의 경우 사업자등록증(또는 사업자등록증명원)으로 사업 영위를 확인합니다.

- 폐업한 경우 해당 소득을 인정하지 않으나, 보험설계사 등이 제출한

최근년도 소득자료가 현 사업과 동일한 업종 및 업태의 소득자료인 경우 소득을 인정

○ 상기와 같은 방법으로 재직 및 사업영위 사실확인이 불가능한 경우에는 경력증명서, 위촉증명서, 고용계약서 등 이와 유사한 형태의 계약서 등으로 확인 가능합니다.

○ 개인사업자인 프리랜서의 경우 소득을 사업소득으로 구분하며, 사업소득의 경우 최근발행 사업소득원천징수영수증, 소득금액증명원 또는 종합소득세 과세표준확정신고 및 납부 계산서(세무사확인분) 상 금액으로 확인합니다.

 ※ 주택도시기금대출은 기금수탁은행에 업무를 위탁하여 심사하고 있습니다. 개별 심사에 관한 자세한 사항은 기금수탁은행으로 문의하시기 바랍니다.

■ 기타소득의 경우 소득 산정 기준은?

○ 기타소득의 경우 재직 및 사업영위 등 사실확인을 생략합니다.

○ 기타소득인 경우 최근발행 소득금액증명원 상 금액으로 확인합니다.

○ 수령기간이 1년 미만인 기타소득(이자소득 등)의 경우 연소득으로 환산이 불가능합니다.

 ※ 주택도시기금대출은 기금수탁은행에 업무를 위탁하여 심사하고 있습니다. 개별 심사에 관한 자세한 사항은 기금수탁은행으로 문의하시기 바랍니다.

■ 연금소득의 경우 소득 산정 기준은?

○ 연금소득의 경우 재직 및 사업영위 등 사실확인을 생략합니다.

○ 연금소득인 경우 연금수급권자 확인서 등 증명서, 금액이 확인되지 않는 경우 연금수령통장 상 금액으로 확인합니다.

○ 수령기간이 1년 미만인 연금소득 연소득으로 환산하여 적용합니다. (월환산)

※ 주택도시기금대출은 기금수탁은행에 업무를 위탁하여 심사하고 있습니다. 개별 심사에 관한 자세한 사항은 기금수탁은행으로 문의하시기 바랍니다.

■ 사업소득의 경우 사업영위 확인 및 소득 산정 기준은?

○ 사업자의 경우 사업자등록증(또는 사업자등록증명원)으로 사업 영위를 확인합니다.

○ 사업소득의 경우 최근발행 사업소득원천징수영수증, 소득금액증명원 또는 종합소득세 과세표준확정신고 및 납부 계산서(세무사확인분) 상 금액으로 확인합니다.

- 근로·사업소득의 경우 과세신고 하였으나 아직 전년도 소득입증자료가 발급되지 않는 경우에는 이전년도 소득입증자료로 연소득을 산정

○ 사업영위기간이 1년 미만인 사업소득의 경우 연소득으로 환산이 불가능합니다.

※ 주택도시기금대출은 기금수탁은행에 업무를 위탁하여 심사하고 있습니다. 개별 심사에 관한 자세한 사항은 기금수탁은행으로 문의하시기 바랍니다.

■ 근로소득의 경우 재직 확인 및 소득 산정 기준은?

○ 근로소득자의 경우 건강보험자격득실확인서로 재직을 확인합니다.

- 단, 직장건강보험 적용 제외 등의 사유로 직장건강보험에 가입하지 않은 경우에는 재직증명서` 및 사업자등록증(또는 사업자등록증명원) 사본으로 확인

○ 근로소득의 경우 최근발행 원천징수영수증, 소득금액증명원, 최근발행 급여내역서 상 금액으로 확인합니다.

- 근로·사업소득의 경우 과세신고 하였으나 아직 전년도 소득입증자료가 발급되지 않는 경우에는 이전년도 소득입증자료로 연소득을 산정

- 단, 근로소득의 경우 전년도 원천징수영수증이 발급되는 경우에는 전전전년도 소득입증자료를 사용 불가

- 원천징수영수증 상 비과세소득은 제외

○ 재직기간이 1년 미만인 근로소득의 경우 급여내역서상 총금액을 연소득으로 환산하여 적용합니다.(월환산)

- 단, 소득발생기간이 1개월 이상으로 입증된 소득만을 인정

- 다만, 재직기간이 1개월 이상이면서 정상적인 1개월 소득이 아닌 경우 일환산 가능(구입자금만)

※ 주택도시기금대출은 기금수탁은행에 업무를 위탁하여 심사하고 있습니다. 개별 심사에 관한 자세한 사항은 기금수탁은행으로 문의하시기 바랍니다.

■ 퇴사 혹은 폐업한 경우 소득 산정 기준은?

○ 재직여부, 사업영위를 확인하여 퇴직한 전 근무지, 폐업한 사업장의 소득은 인정 불가합니다.

- 단, 사업자등록증이 있는 개인사업자의 경우 최근년도 소득금액증명원

을 제출하였으나 신규 사업을 개시하여 상호가 변경되었다면, 업종 및 업태가 동일한 경우에 소득을 인정

○ 대출접수일 기준 퇴직한 경우 퇴직증명서(또는 건강보험자격득실확인서), 폐업한 경우 폐업증명서 등으로 확인 후 연소득이 없는 것으로 간주합니다.

※ 주택도시기금대출은 기금수탁은행에 업무를 위탁하여 심사하고 있습니다. 개별 심사에 관한 자세한 사항은 기금수탁은행으로 문의하시기 바랍니다.

■ 대출대상자 소득 산정 기준은?

○ 소득의 종류는 근로소득, 사업소득, 연금소득, 기타소득으로 구분합니다.

- 연금의 범위는 공적연금41), 기업연금, 개인연금을 포함

- 기타소득은 이자, 배당소득 등 소득금액증명원 상 확인되는 금액

- 근로소득, 사업자등록이 있는 사업소득, 공적연금소득(국민연금, 공무원연금, 군인연금, 사립학교교직원연금, 별정우체국연금)이 있는 경우 해당 소득은 필수 합산 대상

※ 주택도시기금대출은 기금수탁은행에 업무를 위탁하여 심사하고 있습니다. 개별 심사에 관한 자세한 사항은 기금수탁은행으로 문의하시기 바랍니다.

■ 무주택자만 대출이 가능한데, 주택 소유를 확인하는 세대원의 범위는?

○ 무주택 검색 대상 세대원은 아래와 같습니다.

---

41) 군인연금, 공무원연금, 사립학교교원연금, 국민연금(노령연금, 장해연금, 유족연금 등) 등 국가, 지방자치단체 공공기관이 지급하는 모든 종류의 연금 소득(기초생활수급비, 국가 유공자 보상금, 보훈급여 등 연금형식으로 지급하는 각종 보상금과 수당 등을 포함)

① 세대주 및 세대원[42] 전원

② 분리된 배우자 및 그 배우자와 동일한 세대를 이루고 있는 직계비속

③ 세대주로 인정되는 자의 민법상 미성년인 형제,자매

④ 공동명의 담보제공자

※ 주택도시기금대출은 기금수탁은행에 업무를 위탁하여 심사하고 있습니다. 개별 심사에 관한 자세한 사항은 기금수탁은행으로 문의하시기 바랍니다.

■ 주택 소유 중인데, 무주택으로 보는 경우는?

○ 주택도시기금은 무주택서민의 주거안정 및 주거복지향상을 목적으로 조성,지원되는 자금으로서, 유주택자의 판단은 대상주택의 규모, 가격, 소재지등에 관계없이 기금대출 대상에서 제외됩니다.

○ 분양권 및 조합원 입주권을 보유한 경우도 주택 보유로 확인됩니다. (전세자금대출 신청자의 경우 분양권 및 조합원 입주권은 주택으로 산정하지 않음)

○ 이는 무주택서민을 위한 주거안정자금이므로 개인의 특수 사정은 고려 대상이 될수 없으나, 다음 아래에 해당하는 경우 주택을 소유한 경우에도 무주택자로 인정 가능하므로 참고하시기 바랍니다.

① 상속으로 인하여 주택의 공유지분을 취득한 사실이 판명되어 그 지분을 처분한 경우

② 도시지역이 아닌 지역 또는 면의 행정구역(수도권은 제외한다)에 건축되어 있는 주택으로서 다음 하나에 해당하는 주택의 소유자가 해당 주택건설지역에 거주(상속으로 주택을 취득한 경우에는 피상속인

---

42) 배우자, 직계존속(배우자의 직계존속) 또는 직계비속

이 거주한 것을 상속인이 거주한 것으로 본다)하다가 다른 주택건설 지역으로 이주한 경우

가. 사용승인후 20년이상 경과된 단독주택

나. 85㎡이하의 단독주택

다. 소유자의 ?가족관계의 등록에 관한 법률?에 따른 최초 등록기준지에 건축되어 있는 주택으로서 직계존속 또는 배우자로부터 상속 등에 의하여 이전받은 단독주택

③ 개인주택사업자가 분양을 목적으로 주택을 건설하여 이를 분양 완료하였거나 그 지분을 처분한 경우

④ 세무서에 사업자로 등록한 개인사업자가 그 소속근로자의 숙소로 사용하기 위하여 ?주택법? 제10조 제3항에 따라 주택을 건설하여 소유하고 있거나 정부시책의 일환으로 근로자에게 공급할 목적으로 사업계획승인을 얻어 건설한 주택을 공급받아 소유하고 있는 경우

⑤ 20㎡이하의 주택을 소유하고 있는 경우. 다만, 2호 또는 2세대이상의 주택을 소유한 자는 제외한다.

⑥ 60세 이상의 직계존속(배우자의 직계존속 포함)이 주택을 소유하고 있는 경우

⑦ 건물등기사항전부증명서 또는 건축물관리대장의 공부상 주택으로 등재되어 있으나 주택이 낡아 사람이 살지 아니하는 폐가이거나 주택이 멸실되었거나 주택이 아닌 다른 용도로 사용되고 있는 경우 멸실시키거나 실제 사용하고 있는 용도로 공부를 정리한 경우

⑧ 무허가건물을 소유하고 있는 경우

※ 주택도시기금대출은 기금수탁은행에 업무를 위탁하여 심사하고 있습니다. 개별 심사에 관한 자세한 사항은 기금수탁은행으로 문의하시기 바랍니다.

■ 대출접수일의 기준은?

○ 공사 비대면(기금e든든)에서 접수한 경우 : 기금e든든 시스템에서 접수를 완료한 날
  (본인 및 배우자의 정보제공동의가 모두 완료된 날)

○ 은행 영업점 또는 주택금융공사 비대면에서 접수한 경우 : 은행 영업점 또는 한국주택금융공사에서 기금e든든으로 대출신청정보를 수신한 날

○ 모든 심사(가산금리 부과 포함)는 대출접수일을 기준으로 진행됩니다.

- 자산심사 시 금융자산 및 금융부채 금액은 '조회기준일' 기준으로 수집됩니다.

※ 자산심사 관련 자세한 사항은 기금포탈 [고객서비스]-[자산심사 및 금리안내]-[자산 심사 안내]를 참고

PART 4. 비정상거처 이주지원 버팀목전세자금

- 주택도시기금의 개인상품 중 주택전세자금대출입니다.
- 비정상거처 거주자의 주거이전을 위한 보증금을 대출해 드립니다.

1. 대출안내[공공]

• 대출대상

아래의 요건을 모두 충족하는 자

(계약) 주택임대차계약을 체결하고 임차보증금의 5% 이상을 지불한 자

(세대주) 대출신청일 현재 비정상거처에 거주 중(주거상향 유형확인서)인 세대주

※ 비정상거처 거주자(주거취약계층 주거지원 업무처리지침 제3조 제1항 제1호와 제3호)

  (1) 쪽방, 고시원, 여인숙, 비닐하우스, 노숙인시설, 컨테이너, 움막, PC방 등

  (2) 최저주거기준을 미달하는 주거환경에서 만 18세미만의 아동과 함께 거주하고 있는 사람
    (무주택) 세대주를 포함한 세대원 전원이 무주택인 자

• 신청시기

- 임대차계약서상 잔금지급일과 주민등록등본상 전입일 중 빠른 날로부터 3개월이내까지 신청

- 계약갱신의 경우에는 계약갱신일(월세에서 전세로 전환계약 한 경우에는 전환일)로부터 3개월이내에 신청

- **대상주택**

  「공공주택 특별법 시행령」 제2조 제1항 공공임대주택

- **대출한도**

  다음 중 작은 금액으로 산정

  (1) 호당대출한도 50만원

  (2) 소요자금에 대한 대출비율

  신규계약 : 전세금액의 100%(한국주택금융공사 일반전세자금 보증서인 경우 80%)

  갱신계약 : 증액금액 이내에서 증액 후 보증금의 100%(한국 주택금융공사 일반전세자금보증서인 경우 80%)

  (3) 담보별 대출한도

  한국주택금융공사 전세대출보증 : 해당 보증 규정에 따름

  주택도시보증공사 전세금안심대출보증 : 해당 보증 규정에 따름

- **대출금리**

  무이자

- **이용기간**

  - 2년(9회 연장하여 최장 20년 가능)

  - 주택도시보증공사 전세금안심대출 보증서 : 최대 2년 1개월(9회 연장하여 최장 20년 10개월 가능)

- **상환방법**

  일시상환

- **담보취득**

  (1) 한국주택금융공사 전세대출보증

  (2) 주택도시보증공사 전세금안심대출보증

  (3) 채권양도협약기관 반환채권양도

  임차인의 보증금 반환채권을 금융기관에 양도하는 방식으로 공사와 협약된 기관의 경우에만 담보 인정 가능

  ※ 채권양도협약기관(2022.12 기준)

  LH, SH, 경기도시공사, 부산도시공사, 전북개발공사, 공공 임대리츠 1~16호, 국민행복주택리츠 1~2호, 청년희망리츠

  ※ 단, 쉐어하우스(채권양도협약기관 소유주택에 한함)에 입주하는 경우 반환채권양도방식만 가능

- **고객부담비용**

  인지세 : 고객/은행 각 50% 부담

  보증서 담보 취급 시 보증료

- **대출금지급방식**

  임대인계좌에 입금함을 원칙. 단, 임대인에게 이미 임차보증금을 지급한 사실이 확인될 경우에는 임차인계좌로 입금 가능

- **대출취급영업점**

  임차대상주택이 소재한 도내 영업점에서 취급이 원칙. 단, 특별시,광역시는 동 시가 접한 도(특별시, 광역시 포함)와 동일지역으로 운용하고 영업점이 타 도 인접지역에 위치한 경우 타 도의 인접 시, 군까지 취급

- **중도상환수수료**

  없음

- **대출계약 철회**

  아래의 기일 중 늦을 날로부터 14일 이내에 대출계약 철회 가능

  (1) 대출계약서류를 제공받은 날

  (2) 대출계약체결일

  (3) 대출실행일

  - 대출계약 철회권의 효력이 발생한 이후에는 철회권 행사 취소 불가

- **유의사항**

  - 대출 취급 후 주택취득이 확인된 경우에는 본 대출금을 상환하여야 함

  - 본 대출상품은 전체 수탁은행을 통해서만 이용 가능

  - 주택도시기금대출은 「금융소비자보호법」의 위법계약해지권 적용대상이 아님

  - 비주택거주자(비정상거처) 주거상향 지원사업으로 "보증금" 지원을 받으신 분들은 비정상거처 이주지원 버팀목전세자금 대출을 받을 수 없습니다. 대출 취급 후 중복수혜가 확인된 경우에는

본 대출금을 상환하여야 함.

- **상담문의**

  대출 관련한 상담은 아래의 콜센터 번호 및 기금 수탁은행 지점에서 가능합니다.

- **업무취급은행**

  우리은행 1599-0800

  신한은행 1599-8000

  KB 국민은행 1599-1771

  NH 농협은행 1588-2100

  하나은행 1599-1111

2. 기한연장[공공]

- **대출대상**

  아래의 요건을 모두 충족하는 자

  (1) (계약) 주택임대차계약을 체결하고 해당주택에 전입 및 거주하는 자

  (2) (세대주) 대출접수일 현재 민법상 성년인 세대주

  (3) (무주택) 세대주를 포함한 세대원 전원이 무주택인 자

- **대출금리**

  무이자

- **상환방법**

  상환방법 변경불가

- **유의사항**

  - 최초 취급된 대출금 또는 직전 연장시 잔액의 10% 이상 상환 또는 0.1% 가산금리를 적용 받지 않음

  - 기한연장시 임대차계약서상 임차보증금이 대출금액보다 적을 때 에는 신 임차보증금이내로 대출금 일부상환처리

  - 신규시 주택도시보증공사 보증서가 담보로 취급된 경우 신임대 차계약 체결 전 주택도시보증공사 보증서 발급 가능 물건지인지 확인 필요

- **상담문의**

  대출 관련한 상담은 아래의 콜센터 번호 및 기금 수탁은행 지점 에서 가능합니다.

3. 추가대출[공공]

- **대출대상**

  아래의 요건을 모두 충족하는 자

  (1) 직전 대출 받은 날로부터 1년 이상 경과한 경우
  공공임대주택 추가대출 신청하는 경우는 해당 주택에 계속해 서 3개월(전입일 기준)거주 및 직전 대출받은 날로부터 3개월 이상 경과한 경우

(2) 임차보증금이 증액 (새로운 임차목적물로 이전하는 경우 포함) 하는 경우

- **대출한도**

  다음 중 작은 금액으로 산정

  (1) 호당대출한도
      50만원 이하

  (2) 소요자금에 대한 대출비율
      증액금액 이내에서 증액 후 총 대출한도의 100% 이내

  (3) 담보별 대출한도

  ① 한국주택금융공사 전세대출보증 : 해당 보증 규정에 따름

  ② 채권양도협약기관 반환채권양도 : 연간인정소득 - 본인 부채금액의 25% - 기 기금전세자금대출잔액

  ③ 주택도시보증공사 전세금안심대출보증 : 추가대출 불가

- **유의사항**

  주택도시보증공사 보증서를 담보로 취급된 대출의 경우 추가대출 불가(전체 수탁은행) 및 대출이용기간 중도 목적물 변경 불가(하나 은행)

- **상담문의**

  대출 관련한 상담은 아래의 콜센터 번호 및 기금 수탁은행 지점 에서 가능합니다.

4. 이용절차 및 제출서류[공공]

- **대출신청**

  (은행 방문 신청) 기금 수탁은행인 우리, 신한, 국민, 농협, 하나 은행에서 가능. 이용 가능 지점은 은행 상황에 따라 다를 수 있습니다.

- **이용절차**

  ① 대출조건 확인

  　기금포털 또는 은행상담을 통해 대출기본정보 확인

  ② 대출신청

  　은행 방문 신청(주거상향 유형 확인서)

  ③ 대출실행

  　대출가능 여부 및 대출 실행

- **준비서류**

  《필수 서류》

  - 본인확인 : 주민등록증, 운전면허증, 여권 중 택1

  - 대상자확인 : 주민등록등본 등

  - 주택관련 : 임대차(전세)계약서 사본 등

  - 기타확인 : 주거상향 유형 확인서[43]

  - 기타 심사 시 필요한 서류 추가 징구 가능

---

43) 주거상향 유형 확인서의 경우 공공임대 계약 시 공공주택 사업자가 발행

《추가 필요 시 서류 예시》

- 대상자확인
  합가기간 확인 등 필요시 주민등록초본
  단독세대주 또는 배우자 분리세대 : 가족관계증명원
  배우자 외국인, 재외국민 또는 외국국적동포 : 외국인등록증 또는 국내거소신고사실증명

- 재직 및 사업영위 확인 : 건강보험자격득실 확인서
  (근로소득) 필요시 사업자등록증이 첨부된 재직증명서
  (사업소득) 사업자등록증
  상기와 같은 방법으로 확인이 불가능한 경우에는 경력증명서, 위촉증명서, 고용계약서 등 이와 유사한 형태의 계약서 등

- 주택관련 : 임차주택 건물 등기사항전부증명서

- 기타확인 : 보증자격 확인서류, 담보제공 서류 등

• **상담문의**

대출 관련한 상담은 아래의 콜센터 번호 및 기금 수탁은행 지점에서 가능합니다.

5. 대출안내[민간]

• **대출대상[민간임대]**

아래의 요건을 모두 충족하는 자

(1) (계약) 주택임대차계약을 체결하고 임차보증금의 5% 이상을 지불한 자

(2) (세대주) 대출신청일 현재 비정상거처에 거주 중(주거상향 유

형 확인서)인 세대주

※ 비정상거처 거주자(주거취약계층 주거지원 업무처리지침 제3조 제1
항 제1호와 제3호)

① 쪽방, 고시원, 여인숙, 비닐하우스, 노숙인시설, 컨테이너, 움막, PC
방 등

② 최저주거기준을 미달하는 주거환경에서 만 18세미만의 아동과 함께
거주하고 있는 사람

(3) (무주택) 세대주를 포함한 세대원 전원이 무주택인 자

(4) (중복대출 금지) 주택도시기금대출, 은행재원 전세자금대출 및
주택담보대출 미이용자
(주택도시기금대출) 성년인 세대원 전원(세대가 분리된 배우자
및 자녀, 결혼예정 배우자, 배우자의 직계존속과 동거세대를
구성하는 경우 배우자의 직계존속 포함)이 기금 대출을 이용
중이면 대출 불가
(전세자금대출 및 주택담보대출) 차주 및 배우자(결혼예정 또
는 분리된 배우자 포함)가 전세자금대출 및 주택담보대출을
이용 중이면 대출 불가
(임차중도금대출 중복예외허용) 한국주택금융공사 주택보증서
담보로 취급된 기금 임차중도금(잔금포함) 대출을 이용중인 대
출자가 타 물건지에서 한국주택금융공사 주택보증서 담보로
기금 또는 은행재원 전세대출을 이용하고자 하는 경우

(5) (소득) 대출신청인과 배우자의 합산 총소득이 5천만원 이하인자

(6) (자산) 대출신청인 및 배우자의 합산 순자산 가액이 통계청에
서 발표하는 최근년도 가계금융복지조사의 '소득 5분위별 자
산 및 부채현황' 중 소득 3분위 전체가구 평균값 이하(십만원

단위에서 반올림)인 자

- 2023년도 기준 3.61억원

※ 자산심사 관련 자세한 사항은 기금포탈 [고객서비스]-[자산심사 및 금리안내]-[자산 심사 안내]를 참고

(7) (신용도) 아래 요건을 모두 충족하는 자
신청인(연대입보한 경우 연대보증인 포함)이 한국신용정보원 "신용정보관리규약"에서 정하는 아래의 신용정보 및 해제 정보가 남아있는 경우 대출 불가능

① 연체, 대위변제·대지급, 부도, 관련인 정보

② 금융질서문란정보, 공공기록정보, 특수기록정보

③ 신용회복지원등록정보
그 외, 부부에 대하여 대출취급기관 내규로 대출을 제한하고 있는 경우에는 대출 불가능

(8) (공공임대주택) 대출접수일 현재 공공임대주택에 입주하고 있는 경우 불가
대출신청인 및 배우자가 퇴거하는 경우 대출가능(대출신청 물건지가 공공임대주택인 경우 취급 불가

• **신청시기**

- 임대차계약서상 잔금지급일과 주민등록등본상 전입일 중 빠른 날로부터 3개월이내까지 신청

- 계약갱신의 경우에는 계약갱신일(월세에서 전세로 전환계약한 경우에는 전환일)로부터 3개월이내에 신청

- **대상주택**

  아래의 요건을 모두 충족하는 주택

  (1) 임차 전용면적
     임차 전용면적 85㎡ 이하 주택(주거용 오피스텔은 85㎡이하 포함)

  (2) 임차 보증금
     2억원 이하

- **대출한도**

  다음 중 작은 금액으로 산정

  (1) 호당대출한도 8천만원

  (2) 소요자금에 대한 대출비율
     신규계약 : 전세금액의 100%(한국주택금융공사 일반전세자금 보증서인 경우 80%)
     갱신계약 : 증액금액 이내에서 증액 후 보증금의 100%(한국 주택금융공사 일반전세자금보증서인 경우 80%)

  (3) 담보별 대출한도

   - 한국주택금융공사 전세대출보증 : 해당 보증 규정에 따름

   - 주택도시보증공사 전세금안심대출보증 : 해당 보증 규정에 따름

- **대출금리**

  연 0%(5천만원 한도), 1.2% ~ 1.8%(5천만원 초과)

- **이용기간**

  - 2년(4회 연장하여 최장 10년 가능)
  - 주택도시보증공사 전세금안심대출 보증서 : 최대 2년 1개월 (4회 연장하여 최장 10년 5개월 가능)

- **상환방법**

  일시상환

- **담보취득**

  (1) 한국주택금융공사 전세대출보증

  (2) 주택도시보증공사 전세금안심대출보증(법인임대사업 등 일부 임대인에 대한 보증이 제한 될 수 있음)

- **보증 종류별 안내**

구분	전세금안심대출보증(HUG)	전세자금보증(HF)
내용	전세보증금반환보증 + 대출보증(특약) * 분리 불가	대출보증 * 전세보증금반환보증 별도 가입 가능
보증 한도	1. 목적물별 보증한도 　주택가격 x 담보인정비율 – 　선순위 채권 등 2. 소요자금별 보증한도 　①, ②, ③ 중 적은 금액 　① 전세보증금 이내 　② 전세보증금반환보증금액의 　80% 이내 　* 중소기업 취업청년 대상 버팀목 　전세자금대출의 경우 100%에 　해당하는 금액	1. 보증종류별 보증한도 　4억원 – 동일한 기 전세자금 　보증잔액 2. 소요자금별 보증한도 　①, ② 중 적은 금액 　① 임차보증금 80% 이내 　② 신청인의 보증신청 금액 3. 상환능력별 보증한도 　연간인정소득 – 연간부채상 예 　상액 + 상환방식별 우대금액

	* (우리은행만 해당) 노후고시원 거주자 이주자금 대상 버팀목 전세자금대출의 경우 100%에 해당하는 금액 ③ 대출한도 금액	– 동일한 기전세자금 보증잔액
특징	목적물에 따라 보증 가능여부 및 한도가 결정	보증신청인의 소득 및 신용도에 따라 보증 가능여부 및 한도가 결정
문의 안내	주택도시보증공사 콜센터(1566-9009) 또는 기금수탁은행	주택금융공사콜센터(1688-8114) 또는 기금수탁은행

- **고객부담비용**

  인지세 : 고객/은행 각 50% 부담

  보증서 담보 취급 시 보증료

- **대출금지급방식**

  임대인계좌에 입금함을 원칙. 단, 임대인에게 이미 임차보증금을 지급한 사실이 확인될 경우에는 임차인계좌로 입금 가능

- **대출취급영업점**

  임차대상주택이 소재한 도내 영업점에서 취급이 원칙. 단, 특별시,광역시는 동 시가 접한 도(특별시, 광역시 포함)와 동일지역으로 운용하고 영업점이 타 도 인접지역에 위치한 경우 타 도의 인접 시, 군까지 취급

- **중도상환수수료**

  없음

- **대출계약 철회**

  아래의 기일 중 늦을 날로부터 14일 이내에 대출계약 철회 가능

  (1) 대출계약서류를 제공받은 날

  (2) 대출계약체결일

  (3) 대출실행일

  (4) 사후자산심사결과 부적격 확정통지일

  - 대출계약 철회는 채무자가 철회기한 이내에 원금과 이자 및 부대비용을 전액 반환한 때에 효력이 발생
  - 대출계약 철회권의 효력이 발생한 이후에는 철회권 행사 취소 불가

- **유의사항**

  - 대출 취급 후 주택취득이 확인된 경우에는 본 대출금을 상환하여야 함
  - 본 대출상품은 전체 수탁은행을 통해서만 이용 가능
  - 주택도시기금대출은 「금융소비자보호법」의 위법계약해지권 적용 대상이 아님
  - HUG 보증서 발급이 제한될 수 있어 신청 전 수탁은행에 상담 필요

- **상담문의**

  대출 관련한 상담은 아래의 기금 수탁은행 지점에서 가능합니다.

6. 기한연장[민간]

- ## 대출대상

  아래의 요건을 모두 충족하는 자

  (1) (계약) 주택임대차계약을 체결하고 해당주택에 전입 및 거주하는 자

  (2) (세대주) 대출접수일 현재 민법상 성년인 세대주

  (3) (무주택) 세대주를 포함한 세대원 전원이 무주택인 자

- ## 대출금리

  연 0%(5천만원 한도), 1.2~1.8%(5천만원 초과)

- ## 상환방법

  상환방법 변경불가

- ## 유의사항

  - 최초 취급된 대출금 또는 직전 연장시 잔액의 10% 이상 상환 또는 0.1% 가산금리를 적용 받지 않음

  - 기한연장시 임대차계약서상 임차보증금이 대출금액보다 적을 때에는 신 임차보증금이내로 대출금 일부상환처리

  - 신규시 주택도시보증공사 보증서가 담보로 취급된 경우 신임대차계약 체결 전 주택도시보증공사 보증서 발급 가능 물건지인지 확인 필요

- **상담문의**

  대출 관련한 상담은 아래의 기금 수탁은행 지점에서 가능합니다.

7. 추가대출[민간]

- **대출대상**

  아래의 요건을 모두 충족하는 자

  (1) 직전 대출 받은 날로부터 1년 이상 경과한 경우
  공공임대주택 추가대출 신청하는 경우는 해당 주택에 계속해서 3개월(전입일 기준)거주 및 직전 대출받은 날로부터 3개월 이상 경과한 경우

  (2) 임차보증금이 증액 (새로운 임차목적물로 이전하는 경우 포함)하는 경우

- **대출한도**

  다음 중 작은 금액으로 산정

  (1) 호당대출한도
  8천만원 이하

  (2) 소요자금에 대한 대출비율
  증액금액 이내에서 증액 후 총 대출한도의 100% 이내

  (3) 담보별 대출한도

  ① 한국주택금융공사 전세대출보증 : 해당 보증 규정에 따름

  ② 주택도시보증공사 전세금안심대출보증 : 추가대출 불가

- **유의사항**

  주택도시보증공사 보증서를 담보로 취급된 대출의 경우 추가대출 불가(전체 수탁은행) 및 대출이용기간 중도 목적물 변경 불가(하나은행)

- **상담문의**

  대출 관련한 상담은 아래의 기금 수탁은행 지점에서 가능합니다.

8. 이용절차 및 제출서류[민간]

- **대출신청**

  (은행 방문 신청) 기금 수탁은행인 우리, 신한, 국민, 농협, 하나 은행에서 가능. 이용 가능 지점은 은행 상황에 따라 다를 수 있습니다.

- **이용절차**

  ① 대출조건 확인
     기금포털 또는 은행상담을 통해 대출기본정보 확인

  ② 대출신청
     은행방문신청
     비정상거처 거주 확인서 제출

  ③ 자산심사(HUG)
     자산 정보 수집 후 심사

  ④ 자산심사 결과 정보 송신(HUG)
     대출 신청 시 기입한 신청자 휴대폰번호로 SMS 결과 발송

  ⑤ 서류제출 및 추가심사 진행(수탁은행)

은행 영업점에 필요 서류 제출

소득심사, 담보물심사

⑥ 대출승인 및 실행

대출가능 여부 및 대출한도 확인

대출 실행

- 자산심사 관련 자세한 사항은 기금포탈 [고객서비스]-[자산심사 및 금리안내]-[자산 심사 안내]를 참고

• 준비서류

《필수 서류》

본인확인 : 주민등록증, 운전면허증, 여권 중 택1

대상자확인 : 주민등록등본 등

주택관련 : 임대차(전세)계약서 사본 등

기타확인 : 비정상거처 거주 확인서[44]

기타 심사 시 필요한 서류 추가 징구 가능

《추가 필요 시 서류 예시》

- 대상자확인

합가기간 확인 등 필요시 주민등록초본

단독세대주 또는 배우자 분리세대 : 가족관계증명원

배우자 외국인, 재외국민 또는 외국국적동포 : 외국인등록증 또는 국내거소신고사실증명

- 재직 및 사업영위 확인 : 건강보험자격득실 확인서

(근로소득) 필요시 사업자등록증이 첨부된 재직증명서

---

44) 비정상거처 거주 확인서는 소재지 주민센터에서 발급

(사업소득) 사업자등록증

상기와 같은 방법으로 확인이 불가능한 경우에는 경력증명서, 위촉증명서, 고용계약서 등 이와 유사한 형태의 계약서 등

- 주택관련 : 임차주택 건물 등기사항전부증명서

- 기타확인 : 보증자격 확인서류, 담보제공 서류 등

• **상담문의**

대출 관련한 상담은 아래의 기금 수탁은행 지점에서 가능합니다.

9. 자주하는 질문

■ 비정상거처 거주 확인서 발급은 어디서 받는지?

○ 소재지 주민센터에서 발급

■ 구체적인 지원대상은?

○ 주거취약계층 주거지원 업무처리지침 제3조 제1항 제1호와 제3호에 해당되는 주거취약계층을 대상으로 함

〈주거취약계층 주거지원 업무처리지침〉

제3조(입주대상자) ① 이 지침에 따라 사업시행자가 공급하는 주택에 입주할 수 있는 사람은 다음 각 호에 해당하는 사람 중 거주지 관할 시장·군수·구청장(이하 "시장 등"이라 한다.) 또는 사업시행자가 주거사다리 지원이 필요하다고 인정하는 사람이거나, 법무부장관이 주거사다리 지원이 필요하다고 인정하여 국토교통부 장관에게 통보한 범죄피해자에 한한다.(이하 "입주대상자"라 한다)

(1) 다음 각 목에 해당하는 주거환경에서 3개월 이상 거주하는 사람(주거사다리 지원사업 신청일을 기준으로 하되, 최근 1년간 각 호의 거주기간을 합산하여 산정할 수 있다.)

가. 쪽방

나. 고시원, 여인숙

다. 비닐하우스

라. 노숙인시설(「노숙인 등의 복지 및 자립지원에 관한 법률」 제2조 제2호)

마. 컨테이너, 움막 등

바. PC방, 만화방

사. 최저주거기준(「공공주택업무처리지침」 [별표 6] 제5호 또는 「최저주거기준」공고 제2조 '용도별 방의 개수'를 말한다. 이하 같다.)에 미달하거나, 시장 등이 홍수, 호우 등 재해 우려로 인해 이주가 필요하다고 인정하는 「건축법」 제2조 제1항 제5호에 따른 지하층

(2) 가정폭력 피해자, 출산예정인 미혼모 등 긴급한 주거지원이 필요하여 관계 중앙행정기관의 장, 특별시장·광역시장·특별자치시장·도지사·특별자치도지사 또는 시장·군수·구청장, 관련 사회복지법인 또는 비영리법인, 운영기관 등이 추천한 사람

(3) 최저주거기준을 미달하는 주거환경에서 만 18세미만의 아동과 함께 거주하고 있는 사람

■ 무주택자만 대출이 가능한데, 주택 소유를 확인하는 세대원의 범위는?

○ 무주택 검색 대상 세대원은 아래와 같습니다.

(1) 세대주 및 세대원[45] 전원

(2) 분리된 배우자 및 그 배우자와 동일한 세대를 이루고 있는 직계비속

(3) 세대주로 인정되는 자의 민법상 미성년인 형제,자매

(4) 공동명의 담보제공자

※ 주택도시기금대출은 기금수탁은행에 업무를 위탁하여 심사하고 있습니다. 개별 심사에 관한 자세한 사항은 기금수탁은행으로 문의하시기 바랍니다.

■ 대출 실행 후 철회가 가능한지?

○ 대출 실행 후 아래의 기일 중 늦을 날로부터 14일 이내에 대출계약 철회 가능

(1) 대출계약서류를 제공받은 날

(2) 대출계약체결일

(3) 대출실행일

- 대출계약 철회는 채무자가 철회기한 이내에 원금과 이자 및 부대비용을 전액 반환한 때에 효력이 발생

○ 대출계약 철회권의 효력이 발생한 이후에는 철회권 행사 취소 불가

---

45) 배우자, 직계존속(배우자의 직계존속) 또는 직계비속

■ 주거상향 유형 확인서 발급은 어디서 받는지?

○ 입주를 희망하는 공공임대주택사업자(LH, SH, GH 등)가 발급

■ 대출신청은 어디서 하는지?

○ 주택도시기금대출은 기금수탁은행에 대면 접수로 진행

■ 주택 소유 중인데, 무주택으로 보는 경우는?

○ 주택도시기금은 무주택서민의 주거안정 및 주거복지향상을 목적으로 조성,지원되는 자금으로서, 유주택자의 판단은 대상주택의 규모, 가격, 소재지등에 관계없이 기금대출 대상에서 제외됩니다.

○ 분양권 및 조합원 입주권을 보유한 경우도 주택 보유로 확인됩니다. (전세자금대출 신청자의 경우 분양권 및 조합원 입주권은 주택으로 산정하지 않음)

○ 이는 무주택서민을 위한 주거안정자금이므로 개인의 특수 사정은 고려 대상이 될수 없으나, 다음 아래에 해당하는 경우 주택을 소유한 경우에도 무주택자로 인정 가능하므로 참고하시기 바랍니다.

(1) 이는 무주택서민을 위한 주거안정자금이므로 개인의 특수사정은 고려 대상이 될수 없으나, 다음 아래에 해당하는 경우 주택을 소유한 경우에도 무주택자로 인정 가능하므로 참고하시기 바랍니다.

(2) 도시지역이 아닌 지역 또는 면의 행정구역(수도권은 제외한다)에 건축되어 있는 주택으로서 다음 하나에 해당하는 주택의 소유자가 해당 주택건설지역에 거주(상속으로 주택을 취득한 경우에는 피상속인이 거주한 것을 상속인이 거주한 것으로 본

다)하다가 다른 주택건설지역으로 이주한 경우

가. 사용승인후 20년이상 경과된 단독주택

나. 85㎡이하의 단독주택

다. 소유자의 가족관계의 등록에 관한 법률에 따른 최초 등록기준지에 건축되어 있는 주택으로서 직계존속 또는 배우자로부터 상속 등에 의하여 이전받은 단독주택

(3) 개인주택사업자가 분양을 목적으로 주택을 건설하여 이를 분양 완료하였거나 그 지분을 처분한 경우

(4) 세무서에 사업자로 등록한 개인사업자가 그 소속근로자의 숙소로 사용하기 위하여 주택법 제10조 제3항에 따라 주택을 건설하여 소유하고 있거나 정부시책의 일환으로 근로자에 게 공급할 목적으로 사업계획승인을 얻어 건설한 주택을 공급받아 소유하고 있는 경우

(5) 20㎡이하의 주택을 소유하고 있는 경우. 다만, 2호 또는 2세대이상의 주택을 소유한 자는 제외한다.

(6) 60세 이상의 직계존속(배우자의 직계존속 포함)이 주택을 소유하고 있는 경우

(7) 건물등기사항전부증명서 또는 건축물관리대장의 공부상 주택으로 등재되어 있으나 주택이 낡아 사람이 살지 아니하는 폐가이거나 주택이 멸실되었거나 주택이 아닌 다른 용도로 사용되고 있는 경우 멸실시키거나 실제 사용하고 있는 용도로 공부를 정리한 경우

(8) 무허가건물을 소유하고 있는 경우

※ 주택도시기금대출은 기금수탁은행에 업무를 위탁하여 심사하고 있습니다. 개별 심사에 관한 자세한 사항은 기금수탁은행으로 문의하시기 바랍니다.

PART 5. 전세피해 임차인 버팀목전세자금

- 주택도시기금의 개인상품 중 주택전세자금대출입니다.
- 전세피해 임차인의 주거이전을 위한 보증금을 대출해 드립니다.

1. 대출안내

• 대출대상

아래의 요건을 모두 충족하는 자

(1) (계약) 주택임대차계약을 체결하고 임차보증금의 5% 이상을 지불한 자

(2) (세대주) 대출신청일 현재 전세피해주택의 보증금이 5억원 이하이며, 보증금의 30% 이상을 피해본 민법상 성년인 세대 주로 아래의 전세피해 유형에 해당하여 전세피해금액을 확인 할 수 있는 자. 다만, 「전세사기특별법」제2조 제3호 또는 제4호 다목에 해당하는 전세사기피해자 등으로 결정된 자는 전세피해금액 요건을 충족하는 것으로 봄

(3) (전세피해 유형) : 전세피해 임차인 및 전세피해금액은 다음과 같음

가. 임대차계약 종료 후 1개월이 경과하였음에도 전세금을 돌려받지 못하여 전세피해주택에 임차권등기명령을 한 자가 임차권등기명령을 설정한 금액

나. 전세피해주택의 경·공매 종료 후 임차보증금에서 배당금액을 제외한 임차보증금 미수령액

다. HUG 전세피해지원센터 전세피해확인서를 받은 자로 전세피해확인

서 내 피해금액

라. 「전세사기피해자 지원 및 주거안정에 관한 특별법」제2조 제3호 또는
제4호 다목에 해당하여 전세사기피해자등으로 결정된 자

※ 보증회사의 전세보증금반환보증 또는 임대보증금보증(전부보증) 가
입에 따른 보증이행(예정)자 제외. 다만, 위 라목 전세사기피해자등
으로 결정된 자는 전세피해임차인으로 보고 신청 가능

(4) (무주택) 세대주를 포함한 세대원 전원이 무주택인 자

(5) (소득) 대출신청인과 배우자의 합산 총소득이 연간 1.3억원 이
하인 자

(6) (자산) 대출신청인 및 배우자의 합산 순자산 가액이 통계청에
서 발표하는 최근년도 가계금융복지조사의 '소득 5분위별 자
산 및 부채현황' 중 소득 4분위 전체가구 평균값 이하(십만원
단위에서 반올림)인 자

- 2023년도 기준 5.06억원

- 자산심사 관련 자세한 사항은 기금포탈 [고객서비스]-[자산심사 및 금
리안내]-[자산 심사 안내]를 참고

(7) (신용도) 아래 요건을 모두 충족하는 자
신청인(연대입보한 경우 연대보증인 포함)이 한국신용정보원 "
신용정보관리규약"에서 정하는 아래의 신용정보 및 해제 정보
가 남아있는 경우 대출 불가능

① 연체, 대위변제·대지급, 부도, 관련인 정보

② 금융질서문란정보, 공공기록정보, 특수기록정보

③ 신용회복지원등록정보
그 외, 부부에 대하여 대출취급기관 내규로 대출을 제한하고 있는 경

우에는 대출 불가능

(8) (공공임대주택) 대출접수일 현재 공공임대주택에 입주하고 있는 경우 불가

대출신청 물건지가 해당 목적물인 경우 또는 대출신청인 및 배우자가 퇴거하는 경우 대출가능

• 신청시기

- 임대차계약서상 잔금지급일과 주민등록등본상 전입일 중 빠른 날로부터 3개월이내까지 신청

- 계약갱신의 경우에는 계약갱신일(월세에서 전세로 전환계약 한 경우에는 전환일)로부터 3개월이내에 신청

• 대상주택

아래의 요건을 모두 충족하는 주택

(1) 임차 전용면적

임차 전용면적 85㎡ (수도권을 제외한 도시지역이 아닌 읍 또는 면지역은 100㎡) 이하 주택(주거용 오피스텔은 85㎡이하 포함) 및 채권양도협약기관 소유의 기숙사(호수가 구분되어 있고 전입신고가 가능한 경우에 한함). 단, 쉐어하우스(채권양도협약기관 소유주택에 한함)에 입주하는 경우 예외적으로 면적 제한 없음

(2) 임차보증금 : 3억원 이내

• 대출한도

다음 중 작은 금액으로 산정

(1) 호당대출한도 2.4억원

(2) 소요자금에 대한 대출비율
전세금액의 80% 이내

(3) 담보별 대출한도
한국주택금융공사 전세대출보증 : 해당 보증 규정에 따름
주택도시보증공사 전세금안심대출보증 : 해당 보증 규정에 따름
채권양도협약기관 반환채권양도 : 연간인정소득 - 본인 부채
금액의 25% - 기 기금전세자금대출잔액

• 대출금리

[변동금리(국토교통부 고시)]

부부합산 연소득	임차보증금		
	1.4억원 이하	1.4억원 초과 ~ 1.7억원 이하	1.7억원 초과
~ 5천만원 이하	연 1.2%	연 1.3%	연 1.5%
5천만원 초과~ 6천만원 이하	연 1.5%	연 1.6%	연 1.8%
6천만원 초과~ 7천만원 이하	연 1.8%	연 1.9%	연 2.1%
7천만원 초과~ 1억원 이하	연 2.1%	연 2.2%	연 2.4%
1억원 초과~ 1.3억원 이하	연 2.4%	연 2.5%	연 2.7%

· 추가우대금리
다자녀가구 연 0.7%p, 2자녀가구 연 0.5%p, 1자녀가구 0.3%p
※ 우대금리 적용 후 최종금리가 연 1.0% 미만인 경우에는 연 1.0%로 적용
※ 자산심사 부적격자의 경우 가산금리가 부과 자산심사 관련 자세한 사항은 기금
포탈 [고객서비스]-[자산심사 및 금리안내]-[자산 심사 안내]를 참고

- **이용기간**

  - 2년(4회 연장하여 최장 10년 가능)

  - 주택도시보증공사 전세금안심대출 보증서 : 최대 2년 1개월(4회 연장하여 최장 10년 5개월 가능)

  - 최장 10년 이용 후 연장시점 기준 미성년 1자녀당 2년 추가(최장 20년 이용 가능)

- **상환방법**

  일시상환 또는 혼합상환

- **담보취득**

  아래 중 하나 선택

  (1) 한국주택금융공사 전세대출보증

  (2) 주택도시보증공사 전세금안심대출보증

  (3) 채권양도협약기관 반환채권양도
  임차인의 보증금 반환채권을 금융기관에 양도하는 방식으로 공사와 협약된 기관의 경우에만 담보 인정 가능

  ※ 채권양도협약기관(2022.12 기준)
  LH, SH, 경기도시공사, 부산도시공사, 전북개발공사, 공공임대리츠 1~16호, 국민행복주택리츠 1~2호, 청년희망리츠

  ※ 단, 쉐어하우스(채권양도협약기관 소유주택에 한함)에 입주하는 경우 반환채권양도방식만 가능

- **보증 종류별 안내**

구분	전세금안심대출보증(HUG)	전세자금보증(HF)
내용	전세보증금반환보증 + 대출보증(특약) * 분리 불가	대출보증 * 전세보증금반환보증 별도 가입 가능
보증 한도	1. 목적물별 보증한도 　주택가격 x 담보인정비율 – 　선순위 채권 등 2. 소요자금별 보증한도 　①, ②, ③ 중 적은 금액 　① 전세보증금 이내 　②　전세보증금반환보증금액의 　　80% 이내 　* 중소기업 취업청년 대상 버팀목 　전세자금대출의 경우 100%에 　해당하는 금액 　* (우리은행만 해당) 노후고시원 　거주자 이주자금 대상 버팀목 전 　세자금대출의 경우 100%에 해 　당하는 금액 　③ 대출한도 금액	1. 보증종류별 보증한도 　4억원 – 동일한 기 전세자금 　보증잔액 2. 소요자금별 보증한도 　①, ② 중 적은 금액 　① 임차보증금 80% 이내 　② 신청인의 보증신청 금액 3. 상환능력별 보증한도 　연간인정소득 – 연간부채상 예 　상액 + 상환방식별 우대금액 　– 동일한 기전세자금 보증잔액
특징	목적물에 따라 보증 가능여부 및 한도가 결정	보증신청인의 소득 및 신용도에 따 라 보증 가능여부 및 한도가 결정
문의 안내	주택도시보증공사 콜센터(1566- 9009) 또는 기금수탁은행	주택금융공사콜센터(1688-8114) 또는 기금수탁은행

- **고객부담비용**

　인지세 : 고객/은행 각 50% 부담

　보증서 담보 취급 시 보증료

- **대출금지급방식**

  임대인계좌에 입금함을 원칙. 단, 임대인에게 이미 임차보증금을 지급한 사실이 확인될 경우에는 임차인계좌로 입금 가능

- **중도상환수수료**

  없음

- **대출계약 철회**

  아래의 기일 중 늦을 날로부터 14일 이내에 대출계약 철회 가능

  (1) 대출계약서류를 제공받은 날

  (2) 대출계약체결일

  (3) 대출실행일

  (4) 사후자산심사결과 부적격 확정통지일

  - 대출계약 철회는 채무자가 철회기한 이내에 원금과 이자 및 부대비용을 전액 반환한 때에 효력이 발생

  - 대출계약 철회권의 효력이 발생한 이후에는 철회권 행사 취소 불가

- **유의사항**

  - 대출 취급 후 주택취득이 확인된 경우에는 본 대출금을 상환하여야 함

  - 본 대출상품은 수탁은행 대면접수를 통해서만 이용 가능

  - 주택도시기금대출은 「금융소비자보호법」의 위법계약해지권 적용 대상이 아님

- 주택도시기금 전세피해 임차인 버팀목전세자금을 이용 중 피해 금액의 전액 또는 일부를 회수하는 경우, 회수금액으로 본 대출금을 상환하여야 함. 다만, 버팀목전세자금 이외에 기존 전세피해 주택의 전세자금 대출을 이용하고 있는 경우, 전세피해 금액의 전액 또는 일부를 회수하는 즉시 기존 전세자금대출을 우선 상환하여야 함

- 고소·소송 등 패소로 차주에게 전세피해 입증이 성립되지 않은 경우 본 대출금액을 전액 상환하거나, 기한연장 시 본대출금리에 연 3%의 가산금리를 적용

• 상담문의

대출 관련한 상담은 아래의 콜센터 번호 및 기금 수탁은행 지점에서 가능합니다.

• 업무취급은행

우리은행 1599-0800

신한은행 1599-8000

KB 국민은행 1599-1771

NH 농협은행 1588-2100

하나은행 1599-1111

2. 기한연장

• 대출대상

아래의 요건을 모두 충족하는 자

(1) (계약) 주택임대차계약을 체결하고 해당주택에 전입 및 거주하는 자

(2) (세대주)

가. 대출신청일 현재 전세피해주택의 보증금이 5억원 이하이며, 보증금 의 30% 이상을 피해본 민법상 성년인 세대주

나. 대출신청일 현재 전세피해주택의 보증금이 5억원 이하이며 「전세사기특별법」상 전세사기피해자등에 해당하는 민법 상 성년인 세대주

(3) (무주택) 세대주를 포함한 세대원 전원이 무주택인 자

• 대출금리

(금리 재판정) 신 임차보증금을 기준으로 재판정(단, 소득기준은 신규당시 소득 기준)

(우대금리 추가적용) 대출기간 중 기한연장시 아래의 우대금리에 해당하는 경우 금리우대 가능

다자녀가구, 2자녀가구, 1자녀가구

자녀수 증가에 따른 우대금리는 계좌취급일과 자녀수 증가일에 따라 금리가 다르게 적용됩니다. 자세한 사항은 [자주하는 질문]을 참고하시기 바랍니다.

• 상환방법

상환방법 변경 가능

- **유의사항**

    - 기한연장시 임대차계약서상 임차보증금이 대출금액보다 적을 때에는 신 임차보증금 이내로 대출금 일부상환처리

    - 신규시 주택도시보증공사 보증서가 담보로 취급된 경우 신임대차계약 체결 전 주택도시보증공사 보증서 발급 가능 물건지인지 확인 필요

    - 차주는 기한 연장시 대출취급기관에 전세피해금액 회수 여부를 입증하고 연장 또는 상환하여야 함

- **상담문의**

    대출 관련한 상담은 아래의 콜센터 번호 및 기금 수탁은행 지점에서 가능합니다.

3. 추가대출

- **대출대상**

    아래의 요건을 모두 충족하는 자

    (1) 직전 대출 받은 날로부터 1년 이상 경과한 경우
    공공임대주택 추가대출 신청하는 경우는 해당 주택에 계속해서 3개월(전입일 기준)거주 및 직전 대출받은 날로부터 3개월 이상 경과한 경우

    (2) 임차보증금이 증액 (새로운 임차목적물로 이전하는 경우 포함)하는 경우

- **대출한도**

  다음 중 작은 금액으로 산정

  1. 호당대출한도

  2. 4억원 이하

  3. 소요자금에 대한 대출비율
     증액금액 이내에서 증액 후 총 보증금의 80% 이내

  4. 담보별 대출한도

  ① 한국주택금융공사 전세대출보증 : 해당 보증 규정에 따름

  ② 주택도시보증공사 전세금안심대출보증 : 추가대출 불가

  ③ 채권양도협약기관 반환채권양도 : 연간인정소득 - 본인 부채금액의
     25% - 기 기금전세자금대출잔액

- **유의사항**

  주택도시보증공사 보증서를 담보로 취급된 대출의 경우 추가대출
  불가(전체 수탁은행) 및 대출이용기간 중도 목적물 변경 불가(하나
  은행)

- **상담문의**

  대출 관련한 상담은 아래의 콜센터 번호 및 기금 수탁은행 지점
  에서 가능합니다.

4. 이용절차 및 제출서류

• 대출신청

(은행 방문 신청) 기금 수탁은행인 우리, 신한, 국민, 농협, 하나
은행에서 가능. 이용 가능 지점은 은행 상황에 따라 다를 수 있습
니다.

• 이용절차

① 대출조건 확인
  기금포털 또는 은행상담을 통해 대출기본정보 확인

② 대출신청
  은행 방문 신청

※ 전세피해확인서가 필요한 경우 HUG전세피해지원센터 우선 방문

③ 자산심사
  자산 정보 수집 후 심사

④ 자산심사 결과 정보 송신(HUG)
  대출 신청 시 기입한 신청자 휴대폰번호로 SMS 결과 발송

⑤ 서류제출 및 추가심사 진행(수탁은행)
  은행 영업점에 필요 서류 제출
  소득심사, 담보물심사

⑥ 대출승인 및 실행
  대출가능 여부 및 대출한도 확인
  대출 실행

• 준비서류

- 본인확인 : 주민등록증, 운전면허증, 여권 중 택1

- 대상자확인 : 주민등록등본

  합가기간 확인 등 필요시 주민등록초본

  단독세대주 또는 배우자 분리세대 : 가족관계증명원

  배우자 외국인, 재외국민 또는 외국국적동포 : 외국인등록증 또는 국내거소신고사실증명

  결혼예정자 : 예식장계약서 또는 청첩장

- 재직 및 사업영위 확인 : 건강보험자격득실 확인서

  (근로소득) 필요시 사업자등록증이 첨부된 재직증명서

  (사업소득) 사업자등록증

  상기와 같은 방법으로 확인이 불가능한 경우에는 경력증명서, 위촉증명서, 고용계약서 등 이와 유사한 형태의 계약서 등

- 소득확인 : 소득구분별 아래의 서류

  (근로소득) 세무서(홈텍스)발급 소득금액증명원 또는 ISA 가입용 소득확인증명서, 연말정산용 원천징수영수증(원천징수부 등 포함), 급여내역이 포함된 증명서 (재직회사가 확인날인한 급여명세표, 임금대장, 갑근세 원천징수 확인서, 일용 근로소득지급명세서) 중 택1

  (사업소득) 세무서(홈텍스)발급 소득금액증명원 또는 ISA 가입용 소득확인증명서, 사업소득 원천징수영수증(연말정산용), 세무사가 확인한 전년도 과세표준확정신고 및 납부 계산서 중 택1

  (연금소득) 연금수급권자확인서 등 기타 연금수령을 확인할 수 있는 지급기관 증명서 (연금수령액이 표기되지 않은 경우 연금수령 통장)

  (기타소득) 세무서(홈텍스)발급 소득금액증명원

  (무소득) 신고사실없음 사실증명원

- 주택관련

  (신규주택) 확정일자부 임대차(전세)계약서 사본, 임차주택 건물 등기사항전부증명서

  (전세피해주택) 공통 : 전세금 입금 내역 확인서, 주민등록등·초본(1개월이내 발급분), 확정일자부 임대차계약서 또는 주택임대차계약신고필증, 등기부등본, 임차인 확약서

  1. 전세피해주택에 임차권등기명령을 한 경우 : 전세피해주택에 임차권등기명령이 경료된 부동산 등기부등본(1개월 이내 발급분), 중도해지 합의서(임대차계약 만료 전 중도해지 합의한 경우), 계약 해지 또는 종료되었음을 증명하는 서류 (내용증명, 문자) 등

  2. 전세피해주택의 경·공매가 끝난 경우 : 경매통지서 또는 경매개시결정문, 매각물건명세서, 배당내역을 확인할 수 있는 서류(배당표, 전세보증금 중 미수령액을 증명하는 서류 등)

- 기타확인 : 주거상향 유형 확인서. 보증자격 확인서류, 담보 제공 서류

- 기타 심사 시 필요한 서류 추가 징구 가능

• **상담문의**

대출 관련한 상담은 아래의 콜센터 번호 및 기금 수탁은행 지점에서 가능합니다.

5. 자주하는 질문

■ 대출신청은 어디서 하는지?
주택도시기금 수탁은행에서 대면 접수로 진행

■ 전세피해확인서는 어디서 발급 받는지?
HUG 전세피해지원센터에서 발급 가능
- 위치 : 서울시 강서구 화곡로 179, 대한상공회의소 기술교육센터 2층
- 콜센터 : 1533-8119
- 전화번호 : 02-6917-8119

PART 6. 전세피해임차인대상 버팀목전세대출대환

- 주택도시기금의 개인상품 중 주택전세자금대출입니다.
- 전세피해 임차인을 위해 시중은행 전세대출을 버팀목전세대출로 대환해 드립니다.

1. 대출안내

● **대출대상**

아래의 요건을 모두 충족하는 자

(1) (시중은행 전세대출) 한국주택금융공사 주택보증서 담보·서울보증보험 전세자금대출 보증서로 취급된 은행재원 전세자금대출을 이용중인 전세피해자

(2) (전세피해) 임대차계약 종료 후 1개월이 경과하였음에도 전세금을 돌려받지 못하여 전세피해주택에 임차권등기를 설정한 자가 전세피해주택에 계속거주하는 경우. 다만, 임대인이 사망하고 상속인이 확정되지 않은 경우에는 임차권등기명령을 신청한 경우에도 임차권등기설정을 한 것과 같이 본다.

(3) (세대주) 대출신청일 현재 전세피해주택의 보증금이 5억원 이하이며, 보증금의 30% 이상을 피해본 민법상 성년인 세대주로 아래의 전세피해가 확인된 경우. 다만, 「전세사기특별법」 제2조 제3호 또는 제4호 다목에 해당하는 전세사기피해자 등으로 결정된 자는 전세피해금액 요건을 충족하는 것으로 봄

(4) (전세피해 유형) : 전세피해가 확인된 경우는 다음과 같다.

가. 임차인의 귀책사유 없이 전입신고일에 근저당권이 설정되어 우선변 제권이 침탈된 경우

나. 임대인이 사망하고 상속인이 확정되지 않은 경우

다. 전세피해주택의 임대차 계약과 관련하여 사기 사건으로 형사 고소한 경우

라. 전세피해주택에 경·공매가 개시된 경우

마. 그 밖에 전세피해에 해당하여 HUG 전세피해지원센터 전세피해확인 서를 발급받은 경우

바. 「전세사기피해자 지원 및 주거안정에 관한 특별법」 제2조 제3호 또 는 제4호 다목에 해당하여 전세사기피해자등으로 결정된 자

 - 보증회사의 전세보증금반환보증 또는 임대보증금보증(전부 보증) 가입 에 따른 보증이행(예정)자 제외. 다만, 위 바목 전세사기피해자등으로 결정된 자는 전세피해임차인으로 보고 신청 가능

(5) (무주택) 세대주를 포함한 세대원 전원이 무주택인 자

(6) (소득) 대출신청인과 배우자의 합산 총소득이 연간 1.3억원 이 하인 자

(7) (자산) 대출신청인 및 배우자의 합산 순자산 가액이 통계청에 서 발표하는 최근년도 가계금융복지조사의 '소득 5분위별 자 산 및 부채현황' 중 소득 4분위 전체가구 평균값 이하(십만원 단위에서 반올림)인 자

 - 2023년도 기준 5.06억원

 - 자산심사 관련 자세한 사항은 기금포탈 [고객서비스]-[자산심사 및 금 리안내]-[자산 심사 안내]를 참고

(8) (신용도) 아래 요건을 모두 충족하는 자

신청인(연대입보한 경우 연대보증인 포함)이 한국신용정보원 "신용정보관리규약"에서 정하는 아래의 신용정보 및 해제 정보가 남아있는 경우 대출 불가능

① 연체, 대위변제·대지급, 부도, 관련인 정보

② 금융질서문란정보, 공공기록정보, 특수기록정보

③ 신용회복지원등록정보
그 외, 부부에 대하여 대출취급기관 내규로 대출을 제한하고 있는 경우에는 대출 불가능

• 신청시기

임대차계약 종료 1개월 후부터 전세 피해주택 퇴거 전일까지

• 대상주택

아래의 요건을 모두 충족하는 주택

(1) 임차 전용면적
임차 전용면적 85㎡ (수도권을 제외한 도시지역이 아닌 읍 또는 면지역은 100㎡) 이하 주택(주거용 오피스텔은 85㎡이하 포함)

(2) 임차보증금 : 5억원 이내

• 대출한도

다음 중 작은 금액으로 산정

(1) 호당대출한도 4억원

(2) 소요자금에 대한 대출비율
기존 전세자금대출 잔액범위 이내에서 임차보증금의 80% 이내

(3) 담보별 대출한도

한국주택금융공사 전세대출보증, 서울보증보험 전세자금대출
보증서 : 해당 보증 규정에 따름

• 대출금리

[변동금리(국토교통부 고시)]

부부합산 연소득	임차보증금		
	1.4억원 이하	1.4억원 초과 ~ 1.7억원 이하	1.7억원 초과
~ 5천만원 이하	연 1.2%	연 1.3%	연 1.5%
5천만원 초과~ 6천만원 이하	연 1.5%	연 1.6%	연 1.8%
6천만원 초과~ 7천만원 이하	연 1.8%	연 1.9%	연 2.1%
7천만원 초과~ 1억원 이하	연 2.1%	연 2.2%	연 2.4%
1억원 초과~ 1.3억원 이하	연 2.4%	연 2.5%	연 2.7%
추가우대금리			
다자녀가구 연 0.7%p, 2자녀가구 연 0.5%p, 1자녀가구 0.3%p ※ 우대금리 적용 후 최종금리가 연 1.0% 미만인 경우에는 연 1.0%로 적용 ※ 자산심사 부적격자의 경우 가산금리가 부과 자산심사 관련 자세한 사항은 기금 포탈 [고객서비스]-[자산심사 및 금리안내]-[자산 심사 안내]를 참고			

• 이용기간

6개월, 해당 보증기관의 보증연장 기준에 따름

• 상환방법

일시상환

• 담보취득

- 은행재원 전세자금대출 취급 시 담보로 취득한 보증서 발급기관

의 보증서

- 한국주택금융공사 전세대출보증, 서울보증보험 전세자금대출 보증서

• 고객부담비용

인지세 : 고객/은행 각 50% 부담

보증서 담보 취급 시 보증료

• 대출금지급방식

기존 시중은행 전세자금대출 상환(대환)

• 중도상환수수료

없음

• 대출계약 철회

아래의 기일 중 늦을 날로부터 14일 이내에 대출계약 철회 가능

(1) 대출계약서류를 제공받은 날

(2) 대출계약체결일

(3) 대출실행일

(4) 사후자산심사결과 부적격 확정통지일

· 대출계약 철회는 채무자가 철회기한 이내에 원금과 이자 및 부대비용을 전액 반환한 때에 효력이 발생

· 대출계약 철회권의 효력이 발생한 이후에는 철회권 행사취소 불가

- **유의사항**

  - 대출 취급 후 주택취득이 확인된 경우에는 본 대출금을 상환하여야 함
  - 임차권등기 말소 및 퇴거 시에 대출금의 전액 상환하여야 함
  - 본 대출상품은 수탁은행 대면접수를 통해서만 이용 가능
  - 주택도시기금대출은 「금융소비자보호법」의 위법계약해지권적용 대상이 아님
  - 주택도시기금 전세피해 임차인대상 버팀목전세대출 대환을 이용 중 피해 금액의 전액 또는 일부를 회수하는 경우, 회수 금액으로 본 대출금을 상환하여야 함.
  - 고소·소송 등 패소로 차주에게 전세피해 입증이 성립되지 않은 경우 본 대출금액을 전액 상환하거나, 기한연장 시 본대출금리에 연 3%의 가산금리를 적용

- **상담문의**

  대출 관련한 상담은 아래의 콜센터 번호 및 기금 수탁은행 지점에서 가능합니다.

- **업무취급은행**

  우리은행 1599-0800

  신한은행 1599-8000

  KB 국민은행 1599-1771

  NH 농협은행 1588-2100

  하나은행 1599-1111

2. 기한연장

- **대출대상**

  아래의 요건을 모두 충족하는 자

  (1) (계약) 전세피해주택에서 계속거주하는 자 또는 대항력을 유지하고 있는 임차인

  (2) (세대주)

  가. 대출신청일 현재 전세피해주택의 보증금이 3억원 이하이며, 보증금의 30% 이상을 피해본 민법상 성년인 세대주

  나. 대출신청일 현재 전세피해주택의 보증금이 3억원 이하이며 「전세사기특별법」상 전세사기피해자등에 해당하는 민법 상 성년인 세대주

  (3) (무주택) 세대주를 포함한 세대원 전원이 무주택인 자

- **대출금리**

  (우대금리 추가적용) 대출기간 중 기한연장시 아래의 우대금리에 해당하는 경우 금리우대 가능

  - 다자녀가구, 2자녀가구, 1자녀가구
  - 자녀수 증가에 따른 우대금리는 계좌취급일과 자녀수 증가일에 따라 금리가 다르게 적용됩니다. 자세한 사항은 [자주하는 질문]을 참고하시기 바랍니다.

- **상환방법**

  일시상환

- **유의사항**

  - 차주는 기한 연장시 대출취급기관에 전세피해금액 회수 여부를 입증하고 연장 또는 상환하여야 함

  - 임차권등기가 말소되고 전세피해주택에서 퇴거하여 대항력을 상실한 경우에는 대출 연장 불가

  - 대출신청 시 임차권등기명령 접수증을 제출하거나 임대차 계약 해지 또는 종료되었음을 증명하는 서류를 제출하지 않은 자는 임차권등기 설정 여부 및 계약 해지 또는 종료되었음을 증명하는 서류를 제출하여야 함. 임차권등기명령신청 보정명령을 받는 등 임차권등기 설정이 완료되지 않은 경우에는 이행할 수 없었던 사유 및 변동 사실 등을 소명하여야함

  - 전세피해주택의 임대차 계약과 관련하여 사기 사건으로 형사 고소한 경우에는 1개월 이내에 발급한 사건사고사실확인원을 제출하여 고소를 취하하지 않았음을 소명하여야 함

- **상담문의**

  대출 관련한 상담은 아래의 콜센터 번호 및 기금 수탁은행 지점에서 가능합니다.

3. 이용절자 및 제출서류

- **대출신청**

  (은행 방문 신청) 지정 기금 수탁은행에서 가능.

  이용 가능 지점은 은행 상황에 따라 다를 수 있습니다.

- **이용절차**

  ① 대출조건 확인

    기금포털 또는 은행상담을 통해 대출기본정보 확인

  ② 대출신청

    은행 방문 신청

  ※ 전세피해확인서가 필요한 경우 HUG전세피해지원센터 우선 방문

  ③ 자산심사

    자산 정보 수집 후 심사

  ④ 자산심사 결과 정보 송신(HUG)

    대출 신청 시 기입한 신청자 휴대폰번호로 SMS 결과 발송

  ⑤ 서류제출 및 추가심사 진행(수탁은행)

    은행 영업점에 필요 서류 제출

    소득심사, 담보물심사

  ⑥ 대출승인 및 실행

    대출가능 여부 및 대출한도 확인

    대출 실행

    - 자산심사 관련 자세한 사항은 기금포탈 [고객서비스]-[자산심사 및 금
      리안내]-[자산 심사 안내]를 참고

- **준비서류**

- 본인확인 : 주민등록증, 운전면허증, 여권 중 택1

- 대상자확인 : 주민등록등본

  합가기간 확인 등 필요시 주민등록초본

  단독세대주 또는 배우자 분리세대 : 가족관계증명원

  배우자 외국인, 재외국민 또는 외국국적동포 : 외국인등록증 또는 국

내거소신고사실증명

결혼예정자 : 예식장계약서 또는 청첩장

- 재직 및 사업영위 확인 : 건강보험자격득실 확인서

(근로소득) 필요시 사업자등록증이 첨부된 재직증명서

(사업소득) 사업자등록증

상기와 같은 방법으로 확인이 불가능한 경우에는 경력증명서, 위촉증명서, 고용계약서 등 이와 유사한 형태의 계약서 등

- 소득확인 : 소득구분별 아래의 서류

(근로소득) 세무서(홈텍스)발급 소득금액증명원 또는 ISA 가입용 소득확인증명서, 연말정산용 원천징수영수증(원천징수부 등 포함), 급여내역이 포함된 증명서 (재직회사가 확인날 인한 급여명세표, 임금대장, 갑근세 원천징수 확인서, 일용근로소득지급명세서) 중 택1

(사업소득) 세무서(홈텍스)발급 소득금액증명원 또는 ISA 가입용 소득확인증명서, 사업소득 원천징수영수증(연말정산용), 세무사가 확인한 전년도 과세표준확정신고 및 납부 계산서 중 택1

(연금소득) 연금수급권자확인서 등 기타 연금수령을 확인할 수 있는 지급기관 증명서 (연금수령액이 표기되지 않은 경우 연금수령 통장)

(기타소득) 세무서(홈텍스)발급 소득금액증명원

(무소득) 신고사실없음 사실증명원

- 주택관련

(전세피해주택) 공통 : 전세금 입금 내역 확인서, 주민등록 등·초본(1개월이내 발급분), 확정일자부 임대차계약서 또는 주택임대차계약신고필증, 전세피해주택에 임차권등기명령이 경료된 부동산 등기부등본(1개월 이내 발급분), 임차인 확약서, 중도해지합의서(임대차계약 만료

전 중도해지 합의한 경우), 계약 해지 또는 종료되었음을 증명하는 서류(내용증명, 문자) 등

(1) 임대인이 사망하고 상속인이 확정되지 않은 경우 : 임대인의 주민등록 등·초본 등 사망을 확인할 수 있는 공문, 임차권등기명령 접수증

※ 임대차 계약 해지 또는 종료되었음을 증명하는 서류는 요구하지 않음

(2) 전세피해주택의 임대차 계약과 관련하여 사기 사건으로 형사 고소한 경우 : 임차인이 전세피해주택의 임대차 계약과 관련하여 사기 사건으로 형사 고소한 고소접수증

(3) 전세피해주택에 경·공매가 개시된 경우 : 경·공매 통지서. 경·공매 개시 결정문

(4) 그 밖에 전세피해에 해당하는 경우 : HUG 전세피해지원센터 전세피해확인서

- 기타확인 : 주거상향 유형 확인서. 보증자격 확인서류, 담보제공 서류 기타 심사 시 필요한 서류 추가 징구 가능

• **상담문의**

대출 관련한 상담은 아래의 콜센터 번호 및 기금 수탁은행 지점에서 가능합니다.

4. 자주하는 질문

■ 대출신청은 어디서 하는지?

주택도시기금 수탁은행에서 대면 접수로 진행

■ 전세피해확인서는 어디서 발급 받는지?

· 서울센터

 - 위치 : 서울시 강서구 화곡로 179, 대한상공회의소 기술교육
   센터 2층

 - 콜센터 : 1533-8119

 - 전화번호 : 02-6917-8119

· 인천센터

 - 위치 : 인천시 부평구 열우물로 90, 부평더샵센트럴시티 상가
   A동 305호

 - 콜센터 : 1533-8119

 - 전화번호 : 032-440-1803~4

PART 7. 전세사기피해자 최우선변제금 버팀목 전세자금 대출

- 주택도시기금의 개인상품 중 주택전세자금대출입니다.
- 전세사기피해자 최우선변제금 버팀목 전세자금을 대출해 드립니다.

1. 대출안내

• 대출대상

아래의 요건을 모두 충족하는 자

(1) (전세사기피해자)「전세사기피해자 지원 및 주거안정에 관한 특별법」제2조 제3호에 따른 전세사기피해자(이하 "전세사기 피해자"라 한다)

(2) (계약) 대출대상 주택 임차보증금 3억원 이하의 주택임대차계약을 체결하고 임차보증금의 5% 이상을 지불한 자

(3) (세대주) 대출신청일 현재 민법상 성년인 세대주

(4) (무주택) 세대주를 포함한 세대원 전원이 무주택자

(5) (소득·자산) 제한 없음

(6) (신용도) 아래 요건을 모두 충족하는 자
신청인(연대입보한 경우 연대보증인 포함)이 한국신용정보원 "신용정보관리규약"에서 정하는 아래의 신용정보 및 해제 정보가 남아있는 경우 대출 불가능

① 연체, 대위변제·대지급, 부도, 관련인 정보

② 금융질서문란정보, 공공기록정보, 특수기록정보

③ 신용회복지원등록정보

그 외, 부부에 대하여 대출취급기관 내규로 대출을 제한하고 있는 경우에는 대출 불가능

- ● **일반대출과 최우선변제금 대출**

  전세사기피해자 최우선변제금 버팀목 전세자금대출은 대출금리가 적용되는 유이자대출(이하 "일반대출"이라 한다)과 대출금리가 적용되지 않는 무이자대출(이하 "최우선변제금 대출"이라 한다)로 구성된다.

  (1) 최우선변제금 대출 신청 대상자 : 최초 임대차계약시 보증금이 경·공매 종료 시점의 최우선변제금 대상 보증금액 이하인 경우에 최우선변제금에 해당하는 금액의 전부 또는 일부를 지급 받을 수 없는 경우

  (2) 최우선변제금대출 대출한도 : 경·공매 종료 시점에「주택임대차보호법 시행령」제10조 제1항에 따라 산정한 금액 이하. 다만, 보증금 일부를 지급 받은 경우 그 금액을 한도에서 차감

- ● **신청시기**

  - 경·공매 종료 후 최우선 변제 피해 금액 확인 가능한 이후

  - 임대차계약서상 잔금지급일과 주민등록등본상 전입일 중 빠른 날로부터 3개월이내까지 신청

- ● **대상주택**

  아래의 요건을 모두 충족하는 주택

(1) 임차 전용면적

임차 전용면적 85㎡ (수도권을 제외한 도시지역이 아닌 읍 또는 면지역은 100㎡) 이하 주택(주거용 오피스텔은 85㎡이하 포함) 및 채권양도협약기관 소유의 기숙사(호수가 구분되어 있고 전입신고가 가능한 경우에 한함)

※ 단, 쉐어하우스(채권양도협약기관 소유주택에 한함)에 입주하는 경우 예외적으로 면적 제한 없음

(2) 임차보증금 : 3억원 이내

● **대출한도**

- 대출한도 : 2.4억원 이내(최우선변제금 대출 포함)
- 최우선변제금 대출한도 : 「주택임대차보호법 시행령」 제10조 제1항의 최우선변제금액 이하

[주택임대차보호법 시행령 최우선변제금 기준(2023.6.28.)]

구분	최우선변제금
서울특별시	5천500만원
「수도권정비계획법」에 따른 과밀억제권역(서울특별시는 제외한다) 세종특별자치시, 용인시, 화성시 및 김포시	4천800만원
광역시(「수도권정비계획법」에 따른 과밀억제권역에 포함된 지역과 군지역은 제외한다) 안산시, 광주시, 파주시, 이천시 및 평택시	2천800만원
그 밖의 지역	2천500만원
※ 총 대출한도 : 2.4억원 이내(최우선변제금 대출금액 포함)	

- **대출금리**

  - 최우선변제금 대출: 무이자

  - 일반대출 : 임차보증금(임대차계약서의 전체 임차보증금) 및 소득구간별 금리

부부합산 연소득	임차보증금		
	1.4억원 이하	1.4억원 초과 ~ 1.7억원 이하	1.7억원 초과
~ 5천만원 이하	연 1.2%	연 1.3%	연 1.5%
5천만원 초과~6천만원 이하	연 1.5%	연 1.6%	연 1.8%
6천만원 초과~7천만원 이하	연 1.8%	연 1.9%	연 2.1%
7천만원 초과~1억원 이하	연 2.1%	연 2.3%	연 2.4%
1억원 초과	연 2.4%	연 2.7%	연 3.0%

※ 1자녀 0.3%p· 2자녀 0.5%p·다자녀 0.7%p 우대(최저금리 1.0%)
 * 단, 부동산 전자계약에 의한 우대금리는 중복 적용하되 2023.12.31. 신규접수분까지 0.1%p 우대금리 적용
※ 최종금리가 1.0%미만인 경우 1.0% 적용한다.

- **이용기간**

  2년(최대 4회 연장하여 최장 10년)

- **상환방법**

  일시상환

- **담보취득**

  아래 중 하나 선택

  (1) 한국주택금융공사 전세대출보증

  (2) 주택도시보증공사 전세금안심대출보증

(3) 채권양도협약기관 반환채권양도

※ 임차인의 보증금 반환채권을 금융기관에 양도하는 방식으로 공사와 협약된 기관의 경우에만 담보 인정 가능

- **중도상환수수료**

  없음

- **대출계약 철회**

  아래의 기일 중 늦을 날로부터 14일 이내에 대출계약 철회 가능

  (1) 대출계약서류를 제공받은 날

  (2) 대출계약체결일

  (3) 대출실행일

  ※ 대출계약 철회권의 효력이 발생한 이후에는 철회권 행사 취소 불가

- **유의사항**

  - 본 대출상품은 수탁은행 대면접수를 통해서만 이용 가능
  - 주택도시기금대출은 「금융소비자보호법」의 위법계약해지권 적용 대상이 아님
  - 주택도시기금 본 대출을 이용 중 전세사기피해주택의 임차 보증금의 전부 또는 일부를 회수하는 경우, 전세사기피해주택에 대한 전세자금 대출을 상환하여야 함.

- **상담문의**

  대출 관련한 상담은 아래의 콜센터 번호 및 기금 수탁은행 지점에서 가능합니다.

- **업무취급은행**

  우리은행 1599-0800

  신한은행 1599-8000

  KB 국민은행 1599-1771

  NH 농협은행 1588-2100

  하나은행 1599-1111

2. 추가대출

- **대출대상**

  아래의 요건을 모두 충족하는 자

  (1) 직전 대출 받은 날로부터 1년 이상 경과한 경우
  공공임대주택 추가대출 신청하는 경우는 해당 주택에 계속해서 3개월(전입일 기준)거주 및 직전 대출받은 날로부터 3개월 이상 경과한 경우

  (2) 임차보증금이 증액 (새로운 임차목적물로 이전하는 경우 포함)하는 경우

- **대출한도**

  다음 중 작은 금액으로 산정

  (1) 호당대출한도
  2.4억원 이하(일반대출 및 최우선변제금 대출 포함, 최우선 변제금은 추가대출 불가)

(2) 소요자금에 대한 대출비율

증액금액 이내에서 증액 후 총 보증금의 80% 이내

(3) 담보별 대출한도

① 한국주택금융공사 전세대출보증 : 해당 보증 규정에 따름

② 주택도시보증공사 전세금안심대출보증 : 추가대출 불가

③ 채권양도협약기관 반환채권양도 : 연간인정소득 − 본인 부채금액의 25% − 기 기금전세자금대출잔액

• 유의사항

주택도시보증공사 보증서를 담보로 취급된 대출의 경우 추가대출 불가(전체 수탁은행) 및 대출이용기간 중도 목적물 변경 불가(하나은행)

• 상담문의

대출 관련한 상담은 아래의 콜센터 번호 및 기금 수탁은행 지점에서 가능합니다.

3. 기한연장

• 대출대상

아래의 요건을 모두 충족하는 자

(1) (계약) 주택임대차계약을 체결하고 해당주택에 전입 및 거주하는 자

(2) (세대주) 「전세사기특별법」상 전세사기피해자인 세대주

(3) (무주택) 세대주를 포함한 세대원 전원이 무주택인 자

대출금리

(금리 재판정) 신 임차보증금을 기준으로 재판정(단, 소득기준은 신규당시 소득 기준)

(우대금리 추가적용) 대출기간 중 기한연장시 아래의 우대금리에 해당하는 경우 금리우대 가능

다자녀가구, 2자녀가구, 1자녀가구

- **상환방법**

  일시상환

- **유의사항**

  - 기한연장시 임대차계약서상 임차보증금이 대출금액 보다 적을 때에는 신 임차보증금 이내로 대출금 일부상환처리

  - 신규시 주택도시보증공사 보증서가 담보로 취급된 경우 신임대 차계약 체결 전 주택도시보증공사 보증서 발급 가능 물건지인지 확인 필요

  - 차주는 기한 연장시 대출취급기관에 전세피해금액 회수 여부를 입증하고 연장 또는 상환하여야함

- **상담문의**

  대출 관련한 상담은 아래의 콜센터 번호 및 기금 수탁은행 지점 에서 가능합니다.

4. 이용절차 및 준비서류

• 대출신청

(은행 방문 신청) 기금 수탁은행인 우리, 신한, 국민, 농협, 하나 은행에서 가능

이용 가능 지점은 은행 상황에 따라 다를 수 있습니다.

• 이용절차

① 전세사기피해자 여부 확인
「전세사기피해자 지원 및 주거안정에 관한 특별법」 제2조 제3호에 따른 전세사기피해자 확인

② 대출조건 확인
은행상담을 통해 대출 기본정보 확인

③ 대출신청
은행 방문 신청

④ 서류 제출 및 심사 진행
은행영업점에 필요 서류제출 및 심사

⑤ 대출승인 및 실행

- 대출가능 여부 및 대출한도 확인

- 대출 실행

※ 제출서류 : 「전세사기피해자 지원 및 주거안정에 관한 특별법」에 따른 전세사기피해지원위원회의 심의·의결을 거쳐 국토교통부장관이 결정한 전세사기피해자 증빙서류 및 버팀목 대출신청을 위한 고객 준비서류

• 준비서류

- 본인확인 : 주민등록증, 운전면허증, 여권 중 택1

- 대상자확인 : 주민등록등본
  합가기간 확인 등 필요시 주민등록초본
  단독세대주 또는 배우자 분리세대 : 가족관계증명원
  배우자 외국인, 재외국민 또는 외국국적동포 : 외국인등록증 또는 국내거소신고사실증명
  결혼예정자 : 예식장계약서 또는 청첩장

- 재직 및 사업영위 확인 : 건강보험자격득실 확인서
  (근로소득) 필요시 사업자등록증이 첨부된 재직증명서
  (사업소득) 사업자등록증
  상기와 같은 방법으로 확인이 불가능한 경우에는 경력증명서, 위촉증명서, 고용계약서 등 이와 유사한 형태의 계약서 등

- 소득확인 : 소득구분별 아래의 서류
  (근로소득) 세무서(홈텍스)발급 소득금액증명원 또는 ISA 가입용 소득확인증명서, 연말정산용 원천징수영수증(원천징수부 등 포함), 급여내역이 포함된 증명서 (재직회사가 확인날 인한 급여명세표, 임금대장, 갑근세 원천징수 확인서, 일용근로소득지급명세서) 중 택1
  (사업소득) 세무서(홈텍스)발급 소득금액증명원 또는 ISA 가입용 소득확인증명서, 사업소득 원천징수영수증(연말정산용), 세무사가 확인한 전년도 과세표준확정신고 및 납부 계산서 중 택1
  (연금소득) 연금수급권자확인서 등 기타 연금수령을 확인할 수 있는 지급기관 증명서 (연금수령액이 표기되지 않은 경우 연금수령 통장)

(기타소득) 세무서(홈텍스)발급 소득금액증명원

(무소득) 신고사실없음 사실증명원

- 주택관련

  전세금 입금내역(통장 내역)

  주민등록 등·초본(1개월이내 발급분)

  확정일자부 임대차계약서 또는 주택임대차계약신고필증

  부동산등기부등본

- 전세사기피해자 증빙서류

  전세사기피해자 지원 및 주거안정에 관한 특별법 시행규칙」 별지 제5호 서식(전세사기피해자등 결정문)

  임차인확약서

- 경매관련 서류

  경매통지서 또는 경매개시결정문, 매각물건명세서, 배당내역을 확인할 수 있는 서류(배당표, 전세보증금 중 미수령액을 증빙할 수 있는 서류 등)

• **상담문의**

대출 관련한 상담은 아래의 콜센터 번호 및 기금 수탁은행 지점에서 가능합니다.

5. 자주하는 질문

■ 전세 대출금 전액이 무이자 인가요?

o 최우선변제금을 지급받지 못한 금액은 무이자, 그 외의 금액은 유이자대출이며 전체 대출금액은 2.4억원까지로, 임차보증금의 80%까지

는 유이자로 지원가능합니다. 유이자는 보증금, 소득요건에 따라 상이합니다.

■ 무이자인 최우선변제금 대출지원 대상은?

o 전세사기피해자 최우선변제금 버팀목 전세자금 대출은 최우선변제금 대출 요건에 해당하는 경우 무이자 대출만 받거나 무이자·유이자 대출을 함께 받을 수 있으며, 보증금이 소액보증금을 초과하는 전세사기피해자의 경우나 기준 최우선변제금 보다 반환금액이 많은 경우에는 유이자 대출만도 가능합니다.

■ 무이자인 최우선변제금 대출지원 대상은 어떻게 되나요?

o 임차보증금이 현재기준 최우선변제금 대상 기준에 해당하나, 최우선변제금을 지급 받지 못한 전세사기피해자인 경우 무이자 최우선변제금 대출 신청이 가능합니다.

PART 8. 주거안정 월세대출

- 주택도시기금의 개인상품 중 주택전세자금대출입니다.
- 월세 부담으로 고민인 청년들에게 청년전용 주거안정 월세
  자금을 대출해 드립니다.

1. 대출안내

- **대출대상**

  아래의 요건을 모두 충족하는 자

  (1) (계약) 주택임대차계약을 체결하고 임차보증금의 5% 이상을
  지불한 자

  (2) (세대주) 대출접수일 현재 민법상 성년인 세대주(대출실행일로
  부터 1개월 이내에 세대분가 또는 세대합가로 인한 세대주 예
  정자 포함)

  ※ 세대주의 정의

  세대별 주민등록상에 배우자, 직계존속(배우자의 직계존속) 또는 직계 비
  속인 세대원으로 이루어진 세대의 세대주 (*형제·자매는 세대원에 미포
  함). 다만, 다음에 해당하는 자도 세대주로 간주
  1) 세대주의 배우자
  2) 주민등록표상에 세대원으로 등록된 자가 대출접수일 현재 3개월 이
  내에 결혼으로 세대주로 예정된 자

  ---

  (3) (무주택) 세대주를 포함한 세대원 전원이 무주택인 자

  (4) (중복대출 금지) 주택도시기금대출, 은행재원 전세자금대출 및
  주택담보대출 미이용자

(주택도시기금대출) 성년인 세대원 전원(세대가 분리된 배우자 및 자녀, 결혼예정 배우자, 배우자의 직계존속과 동거세대를 구성하는 경우 배우자의 직계존속 포함)이 기금 대출을 이용 중이면 대출 불가

(전세자금대출 및 주택담보대출) 차주 및 배우자(결혼예정 또는 분리된 배우자 포함)가 전세자금(이주비)대출 및 주택담보대출을 이용 중이면 대출 불가

(학자금대출) 차주 및 배우자(결혼예정 또는 분리된 배우자 포함)가 학자금대출을 이용 중이면 대출 불가(단, 대학교 졸업증명서를 제출하는 경우 제외)

(5) (자산) 대출신청인 및 배우자의 합산 순자산 가액이 통계청에서 발표하는 최근년도 가계금융복지조사의 '소득 5분위별 자산 및 부채현황' 중 소득 3분위 전체가구 평균값 이하(십만원 단위에서 반올림)인 자

- 2023년도 기준 3.61억원

- 자산심사 관련 자세한 사항은 기금포털 [고객서비스]-[자산심사 및 금리안내]-[자산 심사 안내]를 참고

(6) (신용도) 아래 요건을 모두 충족하는 자
신청인(연대입보한 경우 연대보증인 포함)이 한국신용정보원 "신용정보관리규약"에서 정하는 아래의 신용정보 및 해제 정보가 남아있는 경우 대출 불가능

① 연체, 대위변제·대지급, 부도, 관련인 정보

② 금융질서문란정보, 공공기록정보, 특수기록정보

③ 신용회복지원등록정보
※ 그 외, 부부에 대하여 대출취급기관 내규로 대출을 제한하고 있는

경우에는 대출 불가능

(7) (공공임대주택) 대출접수일 현재 공공임대주택에 입주하고 있
는 경우 불가

대출신청 물건지가 해당 목적물인 경우 또는 대출신청인 및
배우자가 퇴거하는 경우 대출가능

(8) (우대형) 아래 중 어느 하나에 해당하는 자

① 취업준비생 : 부모와 따로 거주하는 자 또는 독립하려고 하는 자 중
만35세 이하 무소득자로 부모 소득이 6천만원 이하인 자

② 희망키움통장 가입자

③ 사회초년생 : 취업 후 5년 이내로 신청일 현재 만 35세 이하 부부합
산 연소득 4천만원 이하인 자

④ 근로장려금 수급자 : 대출접수일 기준 최근 1년 이내 수급사실이 인
정되는 근로장려금 수급자 중 세대주(세대주로 인정되는 자)

⑤ 자녀장려금 수급자 : 대출신청일 기준 최근 1년이내 수급 사실이 인
정되는 자녀장려금 수급자 중 세대주(세대주로 인정되는자 포함)인 자

⑥ 주거급여 수급자 : 대출 신청일 현재 주거급여 수급자 중 세대주(세
대주로 인정되는 자 포함)인 자
(일반형) 부부합산 연소득 5천만원 이하자 중 우대형에 해당하지 아
니한 자

- **신청시기**

  임대차계약서 만기일이내에서 대출신청

- **대상주택**

  아래의 요건을 모두 충족하는 주택

(1) 임차 전용면적

임차 전용면적 85㎡ (수도권을 제외한 도시지역이 아닌 읍 또는 면지역은 100㎡) 이하 주택(주거용 오피스텔은 85㎡이하 포함)

(2) 임차보증금

보증금 1억원 이하 및 월세 60만원 이하

- **대출한도**

다음 중 작은 금액으로 산정

(1) 호당대출한도

- 최대 960만원 (매월 최대 40만원 이내)

- 주거급여 수급자의 경우 대출한도에서 주거급여 수급액 금액만큼 제외

(2) 담보별 대출한도

한국주택금융공사 전세대출보증 : 해당 보증 규정에 따름

- **대출금리**

우대형 연 1.3%, 일반형 연 1.8%

※ 자산심사 부적격자의 경우 가산금리가 부과

- 자산심사 관련 자세한 사항은 기금포탈 [고객서비스]-[자산심사 및 금리안내]-[자산 심사 안내]를 참고

- **이용기간**

2년(4회 연장하여 최장 10년 가능)

- **상환방법**

  일시상환

- **담보취득**

  한국주택금융공사 전세대출보증

- **고객부담비용**

  - 인지세 : 고객/은행 각 50% 부담

  - 보증서 담보 취급 시 보증료

- **대출금지급방식**

  월세금 대출금은 아래와 같이 지급함

  (1) 대출실행 후 2년(24회차) 범위내에서 매월 약정일에 임대인 통장으로 지급
  부득이한 경우에는 임차인 통장으로 지급 가능. 다만, 연지급을 요청하는 경우에는 반드시 임대인 통장으로 지급

  (2) 대출실행 후 매 1년마다 차주로부터 월세금 지급신청서를 제출받고 월세금 납부사실과 거주여부를 확인하며, 계약이 종료된 경우 또는 월세금을 연체한 경우에는 대출금지급을 중단하고 기한의 이익 상실(타목적물 전입하여 보증부 월세가 유지되는 경우 제외)

  (3) 대출실행 후 2년이 종료되는 시점에서 대출금액을 확정하며, 고객요청 등에 의해 대출금이 지급되지 않은 금액은 소급하여 지급 불가

(4) 대출 연체발생으로 인해 지급되지 못한 월세금은 소급하여지급 불가. 다만, 전회차 대출 실행 후 발생된 연체가 당회자 대출 금 실행 전에 해소된 경우 당회차 월세금은 지급할 수 있다.

• 대출취급영업점

임차대상주택이 소재한 도내 영업점에서 취급이 원칙. 단, 특별 시,광역시는 동 시가 접한 도(특별시, 광역시 포함)와 동일지역으 로 운용하고 영업점이 타 도 인접지역에 위치한 경우 타 도의 인 접 시, 군까지 취급

• 중도상환수수료

없음

• 대출계약 철회

아래의 기일 중 늦을 날로부터 14일 이내에 대출계약 철회 가능

(1) 대출계약서류를 제공받은 날

(2) 대출계약체결일

(3) 대출실행일

(4) 사후자산심사결과 부적격 확정통지일

- 대출계약 철회는 채무자가 철회기한 이내에 원금과 이자 및 부 대비용을 전액 반환한 때에 효력이 발생

- 대출계약 철회권의 효력이 발생한 이후에는 철회권 행사 취소 불가

- **유의사항**
  - 대출 취급 후 주택취득이 확인된 경우에는 본 대출금을 상환하여야 함
  - 본 대출상품은 생애 중 1회만 이용 가능
  - 주택도시기금대출은 「금융소비자보호법」의 위법계약해지권적용 대상이 아님
  - 주거급여수급자(우대형)인 경우 농협은행 및 기업은행 대출 신청 불가

- **상담문의**
  - 대출 심사 관련한 상담은 아래의 콜센터 번호 및 기금 수탁은행 지점에서 가능합니다.
  - 자산심사 관련한 상담은 주택도시보증공사 콜센터 1566-9009 및 심사 진행 중 안내된 담당자 번호로 문의바랍니다.

- **업무취급은행**

  우리은행 1599-0800

  신한은행 1599-8000

  KB 국민은행 1599-1771

  NH 농협은행 1588-2100

  하나은행 1599-1111

2. 기한연장

- **대출대상**

    아래의 요건을 모두 충족하는 자

    (1) (계약) 주택임대차계약을 체결하고 해당주택에 전입 및 거주하는 자

    (2) (세대주) 대출접수일 현재 민법상 성년인 세대주

    (3) (무주택) 세대주를 포함한 세대원 전원이 무주택인 자

- **유의사항**

    1회차는 상환 및 금리 가산없이 기한연장 처리하며, 2회차부터 기한연장시마다 분할실행 만료일까지 실행된 대출금액을 기준으로 25%상환(우대형은 10%) 또는 0.1%p 가산금리를 적용(상환 또는 금리변경을 못하는 경우 기한연장 불가)

- **상담문의**

    대출 심사 관련한 상담은 우리은행 콜센터(1599-0800) 및 지점에서 가능합니다.

3. 이용절차 및 제출서류

- **대출신청**

    (온라인신청) 기금e든든 홈페이지(https://enhuf.molit.go.kr)에서 가능

(은행 방문 신청) 기금 수탁은행인 우리, 신한, 국민, 농협, 하나 은행에서 가능

이용 가능 지점은 은행 상황에 따라 다를 수 있습니다.

- **이용절차**

  ① 대출조건 확인

  기금포털 또는 은행상담을 통해 대출기본정보 확인

  ② 대출신청

  주택도시보증공사 기금e든든 또는 은행 방문 신청

  ③ 자산심사(HUG)

  자산 정보 수집후 심사

  ④ 자산심사 결과 정보 송신(HUG)

  대출 신청 시 기입한 신청자

  휴대폰번호로 SMS 결과 발송

  ⑤ 서류제출 및 추가심사 진행(수탁은행)

  은행 영업점에필요 서류 제출

  소득심사, 담보물심사

  ⑥ 대출승인 및 실행

  대출가능 여부 및 대출한도 확인

  대출 실행

  ※ 자산심사 관련 자세한 사항은 기금포탈 [고객서비스]-[자산심사 및 금리안내]-[자산 심사 안내]를 참고

- **준비서류**

  - 본인확인 : 주민등록증, 운전면허증, 여권 중 택1

  - 대상자확인 : 주민등록등본

합가기간 확인 등 필요시 주민등록초본

단독세대주 또는 배우자 분리세대 : 가족관계증명원

배우자 외국인, 재외국민 또는 외국국적동포 : 외국인등록증 또는 국내거소신고사실증명

결혼예정자 : 예식장계약서 또는 청첩장

- 재직 및 사업영위 확인 : 건강보험자격득실 확인서

(근로소득) 필요시 사업자등록증이 첨부된 재직증명서

(사업소득) 사업자등록증

상기와 같은 방법으로 확인이 불가능한 경우에는 경력증명서, 위촉증명서, 고용계약서 등 이와 유사한 형태의 계약서 등

- 소득확인 : 소득구분별 아래의 서류

(근로소득) 세무서(홈텍스)발급 소득금액증명원 또는 ISA 가입용 소득확인증명서, 연말정산용 원천징수영수증(원천징수부 등 포함), 급여내역이 포함된 증명서 (재직회사가 확인날 인한 급여명세표, 임금대장, 갑근세 원천징수 확인서, 일용근로소득지급명세서) 중 택1

(사업소득) 세무서(홈텍스)발급 소득금액증명원 또는 ISA 가입용 소득확인증명서, 사업소득 원천징수영수증(연말정산용), 세무사가 확인한 전년도 과세표준확정신고 및 납부 계산서 중 택1

(연금소득) 연금수급권자확인서 등 기타 연금수령을 확인할 수 있는 지급기관 증명서 (연금수령액이 표기되지 않은 경우 연금수령 통장)

(기타소득) 세무서(홈텍스)발급 소득금액증명원

(무소득) 신고사실없음 사실증명원

- 주택관련 : 확정일자부 임대차(전세)계약서 사본, 임차주택 건물 등기사항전부증명서

- 기타확인 : 보증자격 확인서류, 담보제공 서류
- 우대용확인
  취업준비생 : 최종학교 졸업증명서, 건강보험자격득실확인서
  희망키움통장 가입자 : 주소지 관할 지자체에서 확인한 희망 키움통장 유지확인서(1개월이내 확인분)
  근로장려금 수급자 : 주소지 관할 세무서가 발급한 근로장려금 사실증명원(1개월이내 발급분)
  사회초년생 : 근로자확인서류 및 급여총액확인서류
  자녀장려금 수급자 : 주소지 관할 세무서가 발급한 자녀 장려금 수급 사실증명원(1개월이내 발급분)
  주거급여 수급자 : 주소지 관할 지자체에서 확인한 주거급여 수급자 증명서

※ 기타 심사 시 필요한 서류 추가 징구 가능

- **상담문의**
  - 대출 심사 관련한 상담은 우리은행 콜센터(1599-0800) 및 지점에서 가능합니다.
  - 자산심사 관련한 상담은 주택도시보증공사 콜센터 1566-9009 및 심사 진행 중 안내된 담당자 번호로 문의바랍니다.

4. 자주하는 질문

■ 소득산정은 세전인지, 세후인지?
○ 소득은 세전기준으로 산정됩니다.

■ 대출 실행 후 철회가 가능한지?

○ 대출 실행 후 아래의 기일 중 늦을 날로부터 14일 이내에 대출계약 철회 가능

   (1) 대출계약서류를 제공받은 날

   (2) 대출계약체결일

   (3) 대출실행일

   (4) 사후자가산심사결과 부적격 확정통지일

- 대출계약 철회는 채무자가 철회기한 이내에 원금과 이자 및 부대비용을 전액 반환한 때에 효력이 발생

○ 대출계약 철회권의 효력이 발생한 이후에는 철회권 행사 취소 불가

■ 전세자금대출이 지원되지 않는 주택은?

○ 주택도시기금대출의 경우 『주택도시기금법』에 따라 국민주택규모 이하의 주택 및 준주택 임차만 지원 가능합니다.

- 주택 및 준주택은 『주택법』상 주택 및 준주택을 의미합니다.

 * 따라서, 주택법상 주택 및 준주택에 포함되지 않는 생활 숙박시설 등의 경우 대출 지원이 불가합니다.

○ 아래의 어느 하나에 해당이 되는 경우 지원 불가합니다.

   (1) 건물등기부등본 또는 건축물관리대장상 임차대상 부분이 주거용이어야 하며, 임차목적물에 권리침해(압류, 가압류, 가등기, 가처분, 경매 등)가 있는 경우에는 대출취급 할 수 없음

   (2) 임차대상주택이 직계존비속(배우자의 직계존비속 포함), 형제·

자매 등 가족관계 소유인 경우 사회통념상 임대차계약에 의한 자금수수가 이루어진다고 볼 수 없으므로 대출취급 할 수 없음. 단, 직계존비속을 제외한 형제·자매 등 임대차계약인 경우 실질적 대금 지급내역을 입증하면 예외적으로 대출취급 가능

(3) 공동주택 또는 다가구·다중주택 중 1가구의 일부분(예 : 단순히 일부 방만 임차하는 경우)을 임대차하는 경우에는 대출 취급을 할 수 없음. 단, 세대가 분리 되어있고 출장복명서를 통해 독립된 주거공간(출입문 공유 포함)으로 확인된 경우 대출 취급 가능

(4) 법인, 조합, 문중, 교회, 사찰, 임의단체 등 개인이 아닌 자가 소유한 주택에 대해서는 기금 전세자금 취급불가. 단, 사업목적에 부동산임대업이 있는 법인소유주택은 대출취급 가능

(5) (임시)사용승인일 또는 연장된 (임시)사용승인일로부터 12개월이 경과한 미등기건물 또는 무허가 건물은 대출취급 할 수 없음

 - (임시)사용승인후 12개월이내의 미등기 건물은 분양계약서 사본, 입주안내문 사본, (임시)사용승인서 사본 등을 제출받아 임차목적물, 임대인 등을 확인 후 대출취급 할 수 있음 (사후 건물등기사항전부증명서 징구 불요)

(6) 본인 거주주택을 매도하고 매수인과 임대차계약을 체결하는 주택은 대출취급할 수 없음

○ 또한, 담보 취득이 불가능한 주택의 경우(보증서 발급 거절 등) 전세자금대출 지원이 불가합니다.

※ 주택도시기금대출은 기금수탁은행에 업무를 위탁하여 심사하고 있습니다. 개별 심사에 관한 자세한 사항은 기금수탁은행으로 문의하시기 바랍니다.

■ 복직자인 경우 소득 산정 기준은?

○ 복직 이후 월 평균급여로 인정합니다.

(급여명세표 합계액 ÷ 해당월수) × 12

- 단, 복직 이후 3개월 급여가 없는 경우 휴직자와 동일하게 산정

 ※ 주택도시기금대출은 기금수탁은행에 업무를 위탁하여 심사하고 있습
  니다. 개별 심사에 관한 자세한 사항은 기금수탁은행으로 문의하시
  기 바랍니다.

■ 휴직자인 경우 소득 산정 기준은?

○ 신청일 현재 휴직자는 휴직 직전 1개년 소득으로 인정합니다.

- 단, 최근 3년내에 1개월 이상의 소득이 없으면 무소득 간주

 ※ 주택도시기금대출은 기금수탁은행에 업무를 위탁하여 심사하고 있습
  니다. 개별 심사에 관한 자세한 사항은 기금수탁은행으로 문의하시
  기 바랍니다.

■ 일용계약직인 경우 재직 확인 및 소득 산정 기준은?

○ 일용계약직의 경우 세무서발행 소득금액증명원(소득구분 일용근로소
  득)상의 금액 또는 최근 1년 이내 일용근로소득 지급명세서의 합계
  액을 기준으로 소득을 인정합니다.

- 단, 객관적인 서류로 재직기간이 입증되는 경우에는 연환산 가능

 ※ 주택도시기금대출은 기금수탁은행에 업무를 위탁하여 심사하고 있습
  니다. 개별 심사에 관한 자세한 사항은 기금수탁은행으로 문의하시
  기 바랍니다.

■ 프리랜서인 경우 재직 확인 및 소득 산정 기준은?

○ 개인사업자인 프리랜서의 경우 사업자등록증(또는 사업자등록증명원)으로 사업 영위를 확인합니다.

- 폐업한 경우 해당 소득을 인정하지 않으나, 보험설계사 등이 제출한 최근년도 소득자료가 현 사업과 동일한 업종 및 업태의 소득자료인 경우 소득을 인정

○ 상기와 같은 방법으로 재직 및 사업영위 사실확인이 불가능한 경우에는 경력증명서, 위촉증명서, 고용계약서 등 이와 유사한 형태의 계약서 등으로 확인 가능합니다.

○ 개인사업자인 프리랜서의 경우 소득을 사업소득으로 구분하며, 사업소득의 경우 최근발행 사업소득원천징수영수증, 소득금액증명원 또는 종합소득세 과세표준확정신고 및 납부 계산서(세무사확인분) 상 금액으로 확인합니다.

※ 주택도시기금대출은 기금수탁은행에 업무를 위탁하여 심사하고 있습니다. 개별 심사에 관한 자세한 사항은 기금수탁은행으로 문의하시기 바랍니다.

■ 기타소득의 경우 소득 산정 기준은?

○ 기타소득의 경우 재직 및 사업영위 등 사실확인을 생략합니다.

○ 기타소득인 경우 최근발행 소득금액증명원 상 금액으로 확인합니다.

○ 수령기간이 1년 미만인 기타소득(이자소득 등)의 경우 연소득으로 환산이 불가능합니다.

※ 주택도시기금대출은 기금수탁은행에 업무를 위탁하여 심사하고 있습

니다. 개별 심사에 관한 자세한 사항은 기금수탁은행으로 문의하시기 바랍니다.

■ 연금소득의 경우 소득 산정 기준은?

○ 연금소득의 경우 재직 및 사업영위 등 사실확인을 생략합니다.

○ 연금소득인 경우 연금수급권자 확인서 등 증명서, 금액이 확인되지 않는 경우 연금수령통장 상 금액으로 확인합니다.

○ 수령기간이 1년 미만인 연금소득 연소득으로 환산하여 적용합니다. (월환산)

※ 주택도시기금대출은 기금수탁은행에 업무를 위탁하여 심사하고 있습니다. 개별 심사에 관한 자세한 사항은 기금수탁은행으로 문의하시기 바랍니다.

■ 사업소득의 경우 사업영위 확인 및 소득 산정 기준은?

○ 사업자의 경우 사업자등록증(또는 사업자등록증명원)으로 사업 영위를 확인합니다.

○ 사업소득의 경우 최근발행 사업소득원천징수영수증, 소득금액증명원 또는 종합소득세 과세표준확정신고 및 납부 계산서(세무사확인분) 상 금액으로 확인합니다.

- 근로·사업소득의 경우 과세신고 하였으나 아직 전년도 소득입증자료가 발급되지 않는 경우에는 이전년도 소득입증자료로 연소득을 산정

○ 사업영위기간이 1년 미만인 사업소득의 경우 연소득으로 환산이 불가능합니다.

※ 주택도시기금대출은 기금수탁은행에 업무를 위탁하여 심사하고 있습

니다. 개별 심사에 관한 자세한 사항은 기금수탁은행으로 문의하시기 바랍니다.

■ 근로소득의 경우 재직 확인 및 소득 산정 기준은?

○ 근로소득자의 경우 건강보험자격득실확인서로 재직을 확인합니다.

- 단, 직장건강보험 적용 제외 등의 사유로 직장건강보험에 가입하지 않은 경우에는 재직증명서 및 사업자등록증(또는 사업자등록증명원) 사본으로 확인

○ 근로소득의 경우 최근발행 원천징수영수증, 소득금액증명원, 최근발행 급여내역서 상 금액으로 확인합니다.

- 근로·사업소득의 경우 과세신고 하였으나 아직 전년도 소득입증자료가 발급되지 않는 경우에는 이전년도 소득입증자료로 연소득을 산정

- 단, 근로소득의 경우 전년도 원천징수영수증이 발급되는 경우에는 전전전년도 소득입증자료를 사용 불가

- 원천징수영수증 상 비과세소득은 제외

○ 재직기간이 1년 미만인 근로소득의 경우 급여내역서상 총금액을 연소득으로 환산하여 적용합니다.(월환산)

- 단, 1개월이상 재직하여 온전한 한 달치 이상의 소득이 존재해야 함

- (예시) 3.4 입사자의 경우 4.30까지 만근 후 대출 신청 가능

 ※ 주택도시기금대출은 기금수탁은행에 업무를 위탁하여 심사하고 있습니다. 개별 심사에 관한 자세한 사항은 기금수탁은행으로 문의하시기 바랍니다.

■ 퇴사 혹은 폐업한 경우 소득 산정 기준은?

○ 재직여부, 사업영위를 확인하여 퇴직한 전 근무지, 폐업한 사업장의 소득은 인정 불가합니다.

- 단, 사업자등록증이 있는 개인사업자의 경우 최근년도 소득금액증명원을 제출하였으나 신규 사업을 개시하여 상호가 변경되었다면, 업종 및 업태가 동일한 경우에 소득을 인정

○ 대출접수일 기준 퇴직한 경우 퇴직증명서(또는 건강보험자격득실확인서), 폐업한 경우 폐업증명서 등으로 확인 후 연소득이 없는 것으로 간주합니다.

※ 주택도시기금대출은 기금수탁은행에 업무를 위탁하여 심사하고 있습니다. 개별 심사에 관한 자세한 사항은 기금수탁은행으로 문의하시기 바랍니다.

■ 대출대상자 소득 산정 기준은?

○ 소득의 종류는 근로소득, 사업소득, 연금소득, 기타소득으로 구분합니다.

- 연금의 범위는 공적연금[46], 기업연금, 개인연금을 포함

- 기타소득은 이자, 배당소득 등 소득금액증명원 상 확인되는 금액

- 근로소득, 사업자등록이 있는 사업소득, 공적연금소득(국민연금, 공무원연금, 군인연금, 사립학교교직원연금, 별정우체국연금)이 있는 경우 해당 소득은 필수 합산 대상

---

46) 군인연금, 공무원연금, 사립학교교원연금, 국민연금(노령연금, 장해연금, 유족연금 등) 등 국가, 지방자치단체 공공기관이 지급하는 모든 종류의 연금 소득(기초생활수급비, 국가 유공자 보상금, 보훈급여 등 연금형식으로 지급하는 각 종 보상금과 수당 등을 포함)

※ 주택도시기금대출은 기금수탁은행에 업무를 위탁하여 심사하고 있습니다. 개별 심사에 관한 자세한 사항은 기금수탁은행으로 문의하시기 바랍니다.

■ 무주택자만 대출이 가능한데, 주택 소유를 확인하는 세대원의 범위는?

○ 무주택 검색 대상 세대원은 아래와 같습니다.

(1) 세대주 및 세대원47) 전원

(2) 분리된 배우자 및 그 배우자와 동일한 세대를 이루고 있는 직계비속

(3) 세대주로 인정되는 자의 민법상 미성년인 형제,자매

(4) 공동명의 담보제공자

※ 주택도시기금대출은 기금수탁은행에 업무를 위탁하여 심사하고 있습니다. 개별 심사에 관한 자세한 사항은 기금수탁은행으로 문의하시기 바랍니다.

■ 주택 소유 중인데, 무주택으로 보는 경우는?

○ 주택도시기금은 무주택서민의 주거안정 및 주거복지향상을 목적으로 조성,지원되는 자금으로서, 유주택자의 판단은 대상주택의 규모, 가격, 소재지등에 관계없이 기금대출 대상에서 제외됩니다.

○ 분양권 및 조합원 입주권을 보유한 경우도 주택 보유로 확인됩니다. (전세자금대출 신청자의 경우 분양권 및 조합원 입주권은 주택으로 산정하지 않음)

○ 이는 무주택서민을 위한 주거안정자금이므로 개인의 특수 사정은 고려 대상이 될수 없으나, 다음 아래에 해당하는 경우 주택을 소유한

---

47) 배우자, 직계존속(배우자의 직계존속) 또는 직계비속

경우에도 무주택자로 인정 가능하므로 참고하시기 바랍니다.

(1) 상속으로 인하여 주택의 공유지분을 취득한 사실이 판명되어 그 지분을 처분한 경우

(2) 도시지역이 아닌 지역 또는 면의 행정구역(수도권은 제외한다) 에 건축되어 있는 주택으로서 다음 하나에 해당하는 주택의 소유자가 해당 주택건설지역에 거주(상속으로 주택을 취득한 경우에는 피상속인이 거주한 것을 상속인이 거주한 것으로 본 다)하다가 다른 주택건설지역으로 이주한 경우

가. 사용승인후 20년이상 경과된 단독주택

나. 85㎡이하의 단독주택

다. 소유자의 가족관계의 등록에 관한 법률?에 따른 최초 등록기준지에 건축되어 있는 주택으로서 직계존속 또는 배우자로부터 상속 등에 의 하여 이전받은 단독주택

(3) 개인주택사업자가 분양을 목적으로 주택을 건설하여 이를 분 양 완료하였거나 그 지분을 처분한 경우

(4) 세무서에 사업자로 등록한 개인사업자가 그 소속근로자의 숙 소로 사용하기 위하여 ?주택법? 제10조 제3항에 따라 주택을 건설하여 소유하고 있거나 정부시책의 일환으로 근로자에게 공급할 목적으로 사업계획승인을 얻어 건설한 주택을 공급받 아 소유하고 있는 경우

(5) 20㎡이하의 주택을 소유하고 있는 경우. 다만, 2호 또는 2세 대이상의 주택을 소유한 자는 제외한다.

(6) 60세 이상의 직계존속(배우자의 직계존속 포함)이 주택을 소 유하고 있는 경우

(7) 건물등기사항전부증명서 또는 건축물관리대장의 공부상 주택으로 등재되어 있으나 주택이 낡아 사람이 살지 아니하는 폐가이거나 주택이 멸실되었거나 주택이 아닌 다른 용도로 사용되고 있는 경우 멸실시키거나 실제 사용하고 있는 용도로 공부를 정리한 경우

(8) 무허가건물을 소유하고 있는 경우

※ 주택도시기금대출은 기금수탁은행에 업무를 위탁하여 심사하고 있습니다. 개별 심사에 관한 자세한 사항은 기금수탁은행으로 문의하시기 바랍니다.

■ 대출접수일의 기준은?

○ 공사 비대면(기금e든든)에서 접수한 경우 : 기금e든든 시스템에서 접수를 완료한 날

(본인 및 배우자의 정보제공동의가 모두 완료된 날)

○ 은행 영업점 또는 주택금융공사 비대면에서 접수한 경우 : 은행 영업점 또는 한국주택금융공사에서 기금e든든으로 대출신청정보를 수신한 날

○ 모든 심사(가산금리 부과 포함)는 대출접수일을 기준으로 진행됩니다.

- 자산심사 시 금융자산 및 금융부채 금액은 '조회기준일' 기준으로 수집됩니다.

※ 자산심사 관련 자세한 사항은 기금포탈 [고객서비스]-[자산심사 및 금리안내]-[자산 심사 안내]를 참고

PART 9. 신혼부부전용 전세자금

- 주택도시기금의 개인상품 중 주택전세자금대출입니다.
- 전세자금이 부족한 신혼부부에게 신혼부부 전용 전세자금을 대출해 드립니다.

1. 대출안내

• 대출대상

아래의 요건을 모두 충족하는 자

(1) (계약) 주택임대차계약을 체결하고 임차보증금의 5% 이상을 지불한 자

(2) (세대주) 대출접수일 현재 민법상 성년인 세대주(대출실행일로 부터 1개월 이내에 세대분가 또는 세대합가로 인한 세대주 예정자 포함)

※ 세대주의 정의

세대별 주민등록상에 배우자, 직계존속(배우자의 직계존속) 또는 직계 비속인 세대원으로 이루어진 세대의 세대주 (* 형제·자매는 세대원에 미포함)다만, 다음에 해당하는 자도 세대주로 간주
 1) 세대주의 배우자
 2) 주민등록표상에 세대원으로 등록된 자가 대출접수일 현재 3개월 이내에 결혼으로 세대주로 예정된 자
---

(3) (무주택) 세대주를 포함한 세대원 전원이 무주택인 자

(4) (중복대출 금지) 주택도시기금대출, 은행재원 전세자금대출 및 주택담보대출 미이용자

(주택도시기금대출) 성년인 세대원 전원(세대가 분리된 배우자

및 자녀, 결혼예정 배우자, 배우자의 직계존속과 동거세대를 구성하는 경우 배우자의 직계존속 포함)이 기금 대출을 이용 중이면 대출 불가

(전세자금대출 및 주택담보대출) 차주 및 배우자(결혼예정 또는 분리된 배우자 포함)가 전세자금대출 및 주택담보대출을 이용 중이면 대출 불가

(임차중도금대출 중복예외허용) 아래 중 하나에 해당하는 경우 예외적으로 중복 허용

① 한국주택금융공사 주택보증서 담보로 취급된 기금 또는 은행재원 전세자금 대출을 이용중인 대출자가 한국주택금융공사 주택보증서 담보로 타 물건지의 기금 임차중도금(잔금포함) 대출을 이용하려는 경우

② 한국주택금융공사 주택보증서 담보로 취급된 기금 임차중도금(잔금포함) 대출을 이용 중인 대출자가 타 물건지에서 한국주택금융공사 주택보증서 담보로 기금 또는 은행재원 전세대출을 이용하고자 하는 경우 임차중도금 대출의 자세한 사항은 '임차중도금대출' 안내를 참고

(생애주기형 버팀목전세자금대출 지원) 버팀목전세자금대출, 청년전용 버팀목전세대출, 중소기업취업청년 전월세보증금대출 및 노후고시원거주자 주거이전대출을 이용중인 차주가 결혼 후 신규 또는 갱신계약 시 기존대출 상환조건으로 대출신청 가능

(5) (소득) 대출신청인과 배우자의 합산 총소득이 연간 7.5천만원 이하인 자

(6) (자산) 대출신청인 및 배우자의 합산 순자산 가액이 통계청에서 발표하는 최근년도 가계금융복지조사의 '소득 5분위별 자산 및 부채현황' 중 소득 3분위 전체가구 평균값 이하(십만원 단위에서 반올림)인 자

 - 2023년도 기준 3.61억원

- 자산심사 관련 자세한 사항은 기금포탈 [고객서비스]-[자산심사 및 금리안내]-[자산 심사 안내]를 참고

(7) (신용도) 아래 요건을 모두 충족하는 자
신청인(연대입보한 경우 연대보증인 포함)이 한국신용정보원 "신용정보관리규약"에서 정하는 아래의 신용정보 및 해제 정보가 남아있는 경우 대출 불가능

① 연체, 대위변제·대지급, 부도, 관련인 정보

② 금융질서문란정보, 공공기록정보, 특수기록정보

③ 신용회복지원등록정보
그 외, 부부에 대하여 대출취급기관 내규로 대출을 제한하고 있는 경우에는 대출 불가능

(8) (공공임대주택) 대출접수일 현재 공공임대주택에 입주하고 있는 경우 불가
대출신청 물건지가 해당 목적물인 경우 또는 대출신청인 및 배우자가 퇴거하는 경우 대출가능

(9) (신혼가구) 혼인관계증명서상 신청인과 그의 현재 배우자와의 혼인기간(동일한 배우자와 최초 혼인 후 재혼한 경우 최초 혼인일일로부터)이 7년 이내인 가구 또는 3개월 이내 결혼을 예정하여 세대 구성이 예정된 가구

• 신청시기

- 임대차계약서상 잔금지급일과 주민등록등본상 전입일 중 빠른 날로부터 3개월이내까지 신청
- 계약갱신의 경우에는 계약갱신일(월세에서 전세로 전환계약한 경

우에는 전환일)로부터 3개월이내에 신청

- **대상주택**

  아래의 요건을 모두 충족하는 주택

  (1) 임차 전용면적

  임차 전용면적 85㎡ (수도권을 제외한 도시지역이 아닌 읍 또는
  면지역은 100㎡) 이하 주택(주거용 오피스텔은 85㎡이하 포함)
  및 채권양도협약기관 소유의 기숙사(호수가 구분되어 있고 전입
  신고가 가능한 경우에 한함). 단, 쉐어하우스(채권양도협약기관
  소유주택에 한함)에 입주하는 경우 예외적으로 면적 제한 없음

  (2) 임차보증금

  수도권 4억원, 수도권 외 3억원

- **대출한도**

  다음 중 작은 금액으로 산정

  (1) 호당대출한도

  수도권(서울, 인천, 경기) 3억원, 수도권 외 2억원

  (2) 소요자금에 대한 대출비율

  ① 신규계약

  전세금액의 80% 이내

  ② 갱신계약

  증액금액 이내에서 증액 후 총 보증금의 80% 이내

  (3) 담보별 대출한도

  ① 한국주택금융공사 전세대출보증 : 해당 보증 규정에 따름

  ② 주택도시보증공사 전세금안심대출보증 : 해당 보증 규정에 따름

③ 채권양도협약기관 반환채권양도 : 연간인정소득 - 본인 부채금액의 25% - 기 기금전세자금대출잔액

- **연간인정소득 산정 방법**

연간소득	연간인정소득
무소득자 (15백만원 이하자 포함)	45백만원
15백만원 초과 20백만원 이하	연간소득×3.5
20백만원 초과	연간소득×4.0
※ 1년미만 재직자의 경우 대출한도가 2천만원 이하로 제한될 수 있음	

- **대출금리**

[변동금리(국토교통부 고시)]

부부합산 연소득	임차보증금			
	5천만원 이하	5천만 초과 ~ 1억원 이하	1억원 초과 ~ 1.5억 이하	1.5억 초과
~ 2천만원 이하	연 1.5%	연 1.6%	연 1.7%	연 1.8%
2천만원 초과 ~ 4천만원 이하	연 1.8%	연 1.9%	연 2.0%	연 2.1%
4천만원 초과 ~ 6천만원 이하	연 2.1%	연 2.2%	연 2.3%	연 2.4%
6천만원 초과 ~ 7.5천만원 이하	연 2.4%	연 2.5%	연 2.6%	연 2.7%

추가우대금리(①,② 중복 적용 가능)
① 부동산 전자계약 체결(2023.12.31. 신규 접수분까지) 연 0.1%p
② 다자녀가구 연 0.7%p, 2자녀가구 연 0.5%p, 1자녀가구 연 0.3%p
※ 우대금리 적용 후 최종금리가 연 1.0% 미만인 경우에는 연 1.0%로 적용
※ 자산심사 부적격자의 경우 가산금리가 부과 자산심사 관련 자세한 사항은 기금 포탈 [고객서비스]-[자산심사 및 금리안내]-[자산 심사 안내]를 참고

- **이용기간**
  - 2년(4회 연장하여 최장 10년 가능)
  - 주택도시보증공사 전세금안심대출 보증서 : 최대 2년 1개월 (4회 연장하여 최장 10년 5개월 가능)
  - 최장 10년 이용 후 연장시점 기준 미성년 1자녀당 2년 추가(최장 20년 이용 가능)

- **상환방법**

  일시상환 또는 혼합상환

- **담보취득**

  아래 중 하나 선택

  (1) 한국주택금융공사 전세대출보증

  (2) 주택도시보증공사 전세금안심대출보증

  (3) 채권양도협약기관 반환채권양도
    임차인의 보증금 반환채권을 금융기관에 양도하는 방식으로 공사와 협약된 기관의 경우에만 담보 인정 가능

  ※ 채권양도협약기관(2022.12 기준)
    LH, SH, 경기도시공사, 부산도시공사, 전북개발공사, 공공임대리츠 1~16호, 국민행복주택리츠 1~2호, 청년희망리츠

  ※ 단, 쉐어하우스(채권양도협약기관 소유주택에 한함)에 입주하는 경우 반환채권양도방식만 가능

  ※ 부산, 대구은행 신청 시 채권양도협약기관 반환채권양도 방식 신청 불가

• 보증 종류별 안내

구분	전세금안심대출보증(HUG)	전세자금보증(HF)
내용	전세보증금반환보증 + 대출보증(특약) * 분리 불가	대출보증 * 전세보증금반환보증 별도 가입 가능
보증 한도	1. 목적물별 보증한도 　주택가격 x 담보인정비율 – 　선순위 채권 등 2. 소요자금별 보증한도 　①, ②, ③ 중 적은 금액 　① 전세보증금 이내 　② 전세보증금반환보증금액의 　　80% 이내 * 중소기업 취업청년 대상 버팀목 전세자금대출의 경우 100%에 해당하는 금액 * (우리은행만 해당) 노후고시원 거주자 이주자금 대상 버팀목 전 세자금대출의 경우 100%에 해 당하는 금액 　③ 대출한도 금액	1. 보증종류별 보증한도 　4억원 – 동일한 기 전세자금 　보증잔액 2. 소요자금별 보증한도 　①, ② 중 적은 금액 　① 임차보증금 80% 이내 　② 신청인의 보증신청 금액 3. 상환능력별 보증한도 　연간인정소득 – 연간부채상 예 　상액 + 상환방식별 우대금액 　– 동일한 기전세자금 보증잔액
특징	목적물에 따라 보증 가능여부 및 한도가 결정	보증신청인의 소득 및 신용도에 따 라 보증 가능여부 및 한도가 결정
문의 안내	주택도시보증공사 콜센터(1566- 9009) 또는 기금수탁은행	주택금융공사콜센터(1688-8114) 또는 기금수탁은행

• 고객부담비용

- 인지세 : 고객/은행 각 50% 부담

- 보증서 담보 취급 시 보증료

- **대출금지급방식**

  임대인계좌에 입금함을 원칙. 단, 임대인에게 이미 임차보증금을 지급한 사실이 확인될 경우에는 임차인계좌로 입금 가능

- **대출취급영업점**

  임차대상주택이 소재한 도내 영업점에서 취급이 원칙. 단, 특별시, 광역시는 동 시가 접한 도(특별시, 광역시 포함)와 동일지역으로 운용하고 영업점이 타 도 인접지역에 위치한 경우 타 도의 인접 시, 군까지 취급

- **중도상환수수료**

  없음

- **대출계약 철회**

  아래의 기일 중 늦을 날로부터 14일 이내에 대출계약 철회 가능

  (1) 대출계약서류를 제공받은 날

  (2) 대출계약체결일

  (3) 대출실행일

  (4) 사후자산심사결과 부적격 확정통지일

  - 대출계약 철회는 채무자가 철회기한 이내에 원금과 이자 및 부대비용을 전액 반환한 때에 효력이 발생
  - 대출계약 철회권의 효력이 발생한 이후에는 철회권 행사 취소 불가

- **유의사항**

  - 대출 취급 후 주택취득이 확인된 경우에는 본 대출금을 상환하여야 함

  - 주택도시보증공사 보증서를 담보로 취급된 대출의 경우 추가대출 불가(전체 수탁은행) 및 대출이용기간 중도 목적물 변경 불가(하나은행)

  - 주택도시기금대출은 「금융소비자보호법」의 위법계약해지권 적용 대상이 아님

- **상담문의**

  - 대출 심사 관련한 상담은 아래의 콜센터 번호 및 기금 수탁은행 지점에서 가능합니다.

  - 자산심사 관련한 상담은 주택도시보증공사 콜센터 1566-9009 및 심사 진행 중 안내된 담당자 번호로 문의바랍니다.

- **업무취급은행**

  우리은행 1599-0800

  KB 국민은행 1599-1771

  하나은행 1599-1111

  NH 농협은행 1588-2100

  신한은행 1599-8000

  대구은행 1566-5050

  부산은행 1800-1333

2. 임차중도금대출

- **대출대상**

  - 버팀목 대출 대출대상요건을 모두 충족하고 아래의 요건을 추가하여 충족하는 자

  - 주택도시보증공사의 주택임대보증 또는 임대보증금보증(사용검사 전)을 발급받은 임대사업자와 임대차계약을 체결한 세대주

- **신청시기**

  임대차계약을 체결한날로부터 잔금 완납 전까지

- **대출한도**

  버팀목 대출 한도와 동일임차중도금(잔금포함)은 신규 건으로 취급하여 별도 한도 운영

- **담보취득**

  한국주택금융공사 집단전세자금보증 또는 HUG 주택도시보증공사 주택임차자금보증. 단, 전세대출(기금, 은행)을 받는 자가 타 물건지에 기금 임차중도금 대출을 신청하는 경우(반대의 경우 포함) 한국 주택금융공사 보증만 가능하며, 이 경우 임차중도금 목적물 입주와 동시에 기존 기금 전세대출을 전액 상환해야 함

- **유의사항**

  상기 이외 사항은 버팀목전세자금 대출기준을 따름

- **상담문의**

  - 대출 심사 관련한 상담은 아래의 콜센터 번호 및 기금 수탁은행 지점에서 가능합니다.

  - 자산심사 관련한 상담은 주택도시보증공사 콜센터 1566-9009 및 심사 진행 중 안내된 담당자 번호로 문의바랍니다.

3. 대환대출

- **시중은행 전세자금대출 대환**

  - 대출대상 : 버팀목전세자금 대출대상 및 신청시기 요건을 모두 충족하고 아래의 요건을 추가하여 충족하는 자
    주택도시보증공사, 한국주택금융공사 또는 서울보증보험 보증(보험)서를 담보로 취급된 은행재원(동일은행 및 타행) 전세자금 대출을 이용중인 자

  - 대출한도 : 1. 버팀목전세자금 호당대출한도, 2. 버팀목전세자금 담보별 대출한도, 3. 아래의 소요자금에 대한 대출비 중 작은 금액으로 산정

- **소요자금에 대한 대출비율**

  ① 신규계약

  · 기존 전세자금대출 잔액범위 이내에서 전세금액의 80% 이내

   * 임차중도금 목적으로 이용 중인 경우 기존 임차중도금대출 잔액에 잔금까지 포함한 금액 이내에서 전세금액의 80%이내

  ② 갱신계약

  · 기존 전세자금대출 잔액범위 이내에서 전세금액의 80% 이내

- **제2금융권 전세자금대출 대환(LH, 지방공사와 임대차계약을 체결한 경우)**

  - 대출대상 : LH, 지방공사(채권양도협약기관에 한함)와 임대차계약을 체결하였으며, 제2금융권 전세자금 대출을 정상이용 중인 세대주

  - 신청시기 : 제한없음(제2금융권 전세대출을 받고 임대차 계약이 유지되는 기간 内)

  - 대출한도 : 1. 버팀목전세자금 호당대출한도, 2. 버팀목전세자금 담보별 대출한도, 3. 아래의 소요자금에 대한 대출비율 중 작은 금액으로 산정

  - 소요자금에 대한 대출비율

    · 신혼가구, 2자녀 이상 가구 : 기존 전세자금대출 잔액범위 이내에서 전세금액의 80% 이내

- **제2금융권 전세자금대출 대환(청년대상)**

  - 대출대상 : 만 34세 이하 및 부부합산 연소득 2천만원 이하이며, 제2금융권 전세자금 대출을 정상이용 중인 세대주

  - 신청시기 : 제한없음(제2금융권 전세대출을 받고 임대차 계약이 유지되는 기간 内)

  - 대상주택 : 전용면적 60㎡, 보증금 5천만원 이하

  - 대출한도 :

    (1) 버팀목전세자금 담보별 대출한도
    아래의 2. 호당대출한도, 3.소요자금에 대한 대출비율 중 작은

금액으로 산정

(2) 호당대출한도

35백만원 및 대환 대출 잔액 중 작은 금액

(3) 소요자금에 대한 대출비율

기존 전세자금대출 잔액범위 이내에서 전세금액의 80% 이내

제2금융권 전세자금대출 대환(임차중도금 목적으로 이용 중인 경우)

- 대출대상 : 주택도시보증공사의 주택임대보증 또는 임대보증금보증(사용검사전)을 발급받은 임대사업자와 임대차계약을 체결하였으며, 제2금융권 전세자금 대출을 정상이용 중인 세대주

- 신청시기 : 임대차계약을 체결한날로부터 잔금완납전까지

- 대출한도 : 1. 버팀목전세자금 호당대출한도, 2. 버팀목전세자금 담보별 대출한도, 3. 아래의 소요자금에 대한 대출비율 중 작은 금액으로 산정

- 소요자금에 대한 대출비율

· 신혼가구, 2자녀 이상 가구 : 보증금의 80% 이내

※ 기존 임차중도금대출 잔액에서 잔금까지 포함한 증액대환 가능

- **유의사항**

보증기관별로 취급기준이 상이할 수 있으니 사전확인 필요

상기 이외 사항은 버팀목전세자금 대출기준을 따름

- **상담문의**

- 대출 심사 관련한 상담은 아래의 콜센터 번호 및 기금 수탁은행 지점에서 가능합니다.

- 자산심사 관련한 상담은 주택도시보증공사 콜센터 1566-9009 및 심사 진행 중 안내된 담당자 번호로 문의바랍니다.

4. 기한연장

• 대출대상

아래의 요건을 모두 충족하는 자

(1) (계약) 주택임대차계약을 체결하고 해당주택에 전입 및 거주하는 자

(2) (세대주) 대출접수일 현재 민법상 성년인 세대주

┌───┐
│　　　　　　　　　　　※ 세대주의 정의
│세대별 주민등록상에 배우자, 직계존속(배우자의 직계존속) 또는 직계 비속
│인 세대원으로 이루어진 세대의 세대주 (*형제·자매는 세대원에 미포함)
│다만, 다음에 해당하는 자도 세대주로 간주
│　1) 세대주의 배우자
│　2) 주민등록표상에 세대원으로 등록된 자가 대출접수일 현재 3개월 이
│　　 내에 결혼으로 세대주로 예정된 자
└───┘

(3) (무주택) 세대주를 포함한 세대원 전원이 무주택인 자

• 대출금리

(금리 재판정) 신 임차보증금을 기준으로 재판정(단, 소득기준은 신규당시 소득 기준)

(우대금리 추가적용) 대출기간중 또는 기한연장시 아래의 우대금리에 해당하는 경우 금리우대 가능

- 다자녀가구, 2자녀가구, 1자녀가구

- 자녀수 증가에 따른 우대금리는 계좌취급일과 자녀수 증 가일에 따라 금리가 다르게 적용됩니다. 자세한 사항은 [자주하는 질문]을 참고하시기 바랍니다.

- **상환방법**

  상환방법 변경 가능

- **유의사항**

  - 최초 취급된 대출금 또는 직전 연장시 잔액의 10% 이상 상환 또는 0.1% 가산금리를 적용. 단, 분할상환으로 최초 취급된 대출금 또는 직전 연장시 잔액의 10% 이상이 상환된 경우에는 적용하지 않음

  - 기한연장시 임대차계약서상 임차보증금이 대출금액 보다 적을 때에는 신 임차보증금이내로 대출금 일부상환처리

  - 신규시 주택도시보증공사 보증서가 담보로 취급된 경우 신임대차계약 체결 전 주택도시보증공사 보증서 발급 가능 물건지인지 확인 필요

- **상담문의**

  대출 심사 관련한 상담은 아래의 콜센터 번호 및 기금 수탁은행 지점에서 가능합니다.

5. 추가대출

• 대출대상

아래의 요건을 모두 충족하는 자

1. 직전 대출 받은 날로부터 1년 이상 경과한 경우
   공공임대주택 추가대출 신청하는 경우는 해당 주택에 계속해서 3개월(전입일 기준)거주 및 직전 대출받은 날로부터 3개월 이상 경과한 경우

2. 임차보증금이 증액 (새로운 임차목적물로 이전하는 경우 포함)하는 경우

• 대출한도

다음 중 작은 금액으로 산정

(1) 호당대출한도
   수도권(서울, 인천, 경기) 3억원, 수도권 외 2억원

(2) 소요자금에 대한 대출비율
   증액금액 이내에서 증액 후 총 보증금액의 80% 이내

(3) 담보별 대출한도

① 한국주택금융공사 전세대출보증 : 해당 보증 규정에 따름

② 채권양도협약기관 반환채권양도 : 연간인정소득 - 본인 부채금액의 25% - 기 기금전세자금대출잔액

③ 주택도시보증공사 전세금안심대출보증 : 추가대출 불가

- **유의사항**

  주택도시보증공사 보증서를 담보로 취급된 대출의 경우 추가대출 불가(전체 수탁은행) 및 대출이용기간 중도 목적물 변경 불가(하나은행)

- **상담문의**

  대출 심사 관련한 상담은 아래의 콜센터 번호 및 기금 수탁은행 지점에서 가능합니다.

6. 갱신만료 임차인 지원

- **대출대상**

  아래의 요건을 모두 충족하는 자

  (1) 버팀목 전세자금(신혼부부전용, 청년전용, 중소기업취업청년 전월세보증금 포함)을 이용중인 자

  (2) '20.8.1.~'21.7.31. 갱신요구권 기행사한 자

  (3) 동일 임차목적물에 보증금액을 증액하여 갱신계약을 체결한 자

  (4) 직전 대출을 받은 날로부터 1년 이상 경과한 경우

  (5) 세대주를 포함한 세대원 전원이 무주택인 자

- **대출주택**

  임차 보증금

  - 수도권 1.8억원, 수도권 외 1.2억원

- **대출한도**

  다음 중 작은 금액으로 산정

  (1) 호당대출한도

  - 수도권 1.8억원, 수도권 외 1.2억원

  (2) 소요자금에 대한 대출비율

  - 일반가구 : 증액금액 이내에서 증액 후 총 보증금의 70% 이내

  - 신혼가구, 2자녀 이상 가구 : 증액금액 이내에서 증액 후 총 보증금의 80% 이내

  (3) 담보별 대출한도

  - 주택도시보증공사·한국주택금융공사 : 해당 보증기관의 보증 규정에 따름

  - 채권양도협약기관 반환채권양도 : 연간인정소득 - 본인 부채금액의 25% - 기 기금전세자금대출잔액

- **대출금리(신혼부부전용 전세자금 금리와 동일)**

[변동금리(국토교통부 고시)]

부부합산 연소득	임차보증금			
	5천만원 이하	5천만 초과 ~ 1억원 이하	1억원 초과 ~ 1.5억 이하	1.5억 초과
~ 2천만원 이하	연 1.5%	연 1.6%	연 1.7%	연 1.8%
2천만원 초과 ~ 4천만원 이하	연 1.8%	연 1.9%	연 2.0%	연 2.1%
4천만원 초과 ~ 6천만원 이하	연 2.1%	연 2.2%	연 2.3%	연 2.4%

6천만원 초과 ~ 7.5천만원 이하	연 2.4%	연 2.5%	연 2.6%	연 2.7%

추가우대금리(①,② 중복 적용 가능)
① 부동산 전자계약 체결(2023.12.31. 신규 접수분까지) 연 0.1%p
② 다자녀가구 연 0.7%p, 2자녀가구 연 0.5%p, 1자녀가구 연 0.3%p
※ 우대금리 적용 후 최종금리가 연 1.0% 미만인 경우에는 연 1.0%로 적용
※ 자산심사 부적격자의 경우 가산금리가 부과 자산심사 관련 자세한 사항은 기금 포탈 [고객서비스]-[자산심사 및 금리안내]-[자산 심사 안내]를 참고

• 이용기간

2년(최장 10년 가능)

- 최초 취급된 대출계좌의 최종 만기일 이내 운용

추가 제출서류

- 갱신요구권 행사 여부는 아래 서류 중 하나로 확인

1. 요구권 행사 사실이 명시된 舊 임대차계약서

2. 갱신요구권 사용 확인서

3. 주택 임대차계약 신고필증

• 유의사항

- '23.7.31.까지 한시적으로 지원하는 상품입니다.

- 본 상품은 버팀목전세자금 추가대출의 일환으로 [대출안내], [기한연장], [이용절차 및 대출서류] 등을 참고바랍니다.

• 상담문의

대출 심사 관련한 상담은 아래의 콜센터 번호 및 기금 수탁은행 지점에서 가능합니다.

6. 이용절차 및 제출서류

• 대출신청

(온라인신청) 기금e든든 홈페이지(https://enhuf.molit.go.kr) 에서 가능

(은행 방문 신청) 기금 수탁은행인 우리, 신한, 국민, 농협, 하나, 대구, 부산은행에서 가능

이용 가능 지점은 은행 상황에 따라 다를 수 있습니다.

• 이용절차

① 대출조건 확인
  기금포털 또는 은행상담을 통해 대출기본정보 확인

② 대출신청
  주택도시보증공사 기금e든든 또는 은행 방문 신청

③ 자산심사(HUG)
  자산 정보 수집 후 심사

④ 자산심사 결과 정보 송신(HUG)
  대출 신청 시 기입한 신청자 휴대폰번호로 SMS 결과 발송

⑤ 서류제출 및 추가심사 진행(수탁은행)
  은행 영업점에 필요 서류 제출
  소득심사, 담보물심사

⑥ 대출승인 및 실행
  대출가능 여부 및 대출한도 확인
  대출 실행

※ 자산심사 관련 자세한 사항은 기금포탈 [고객서비스]-[자산심사 및 금리안내]-[자산 심사 안내]를 참고

- **준비서류**

  - 본인확인 : 주민등록증, 운전면허증, 여권 중 택1

  - 대상자확인 : 주민등록등본
    합가기간 확인 등 필요시 주민등록초본
    단독세대주 또는 배우자 분리세대 : 가족관계증명원
    배우자 외국인, 재외국민 또는 외국국적동포 : 외국인등록증 또는 국내거소신고사실증명
    결혼예정자 : 예식장계약서 또는 청첩장

  - 재직 및 사업영위 확인 : 건강보험자격득실 확인서
    (근로소득) 필요시 사업자등록증이 첨부된 재직증명서
    (사업소득) 사업자등록증
    상기와 같은 방법으로 확인이 불가능한 경우에는 경력증명서, 위촉증명서, 고용계약서 등 이와 유사한 형태의 계약서 등

  - 소득확인 : 소득구분별 아래의 서류
    (근로소득) 세무서(홈텍스)발급 소득금액증명원 또는 ISA 가입용 소득확인증명서, 연말정산용 원천징수영수증(원천징수부 등 포함), 급여내역이 포함된 증명서 (재직회사가 확인날인한 급여명세표, 임금대장, 갑근세 원천징수 확인서, 일용근로소득지급명세서) 중 택1
    (사업소득) 세무서(홈텍스)발급 소득금액증명원 또는 ISA 가입용 소득확인증명서, 사업소득 원천징수영수증(연말정산용), 세무사가 확인한 전년도 과세표준확정신고 및 납부 계산서 중 택1
    (연금소득) 연금수급권자확인서 등 기타 연금수령을 확인할 수 있는 지급기관 증명서 (연금수령액이 표기되지 않은 경우 연금수령 통장)

(기타소득) 세무서(홈텍스)발급 소득금액증명원

(무소득) 신고사실없음 사실증명원

- 주택관련 : 확정일자부 임대차(전세)계약서 사본, 임차주택 건물 등기사항전부증명서

- 기타확인 : 보증자격 확인서류, 담보제공 서류
채권양도협약기관과 협약에 의한 채권양도방식 대출신청시에는 대출추천서

※ 쉐어하우스 입주자의 경우 대출추천서에 '쉐어하우스 입주자'임이 명기되어있어야 함

※ 기타 심사 시 필요한 서류 추가 징구 가능

• **상담문의**

- 대출 심사 관련한 상담은 아래의 콜센터 번호 및 기금 수탁은행 지점에서 가능합니다.

- 자산심사 관련한 상담은 주택도시보증공사 콜센터 1566-9009 및 심사 진행 중 안내된 담당자 번호로 문의바랍니다.

7. 자주하는 질문

■ 신혼버팀목대출로 전환받은 이후, 사후 자산심사결과에 따라 가산금리를 적용받게 되면 전환대출 금리가 기존대출 금리보다 더 높을 가능성이 있는데 어떻게 진행해야 할지?

○ 새로운 집으로 이사 또는 기존 집 갱신 계약 시, 사후자산심사 결과 적격판정을 받은 후에 생애주기형 전세자금 전환대출을 실행

○ 사후자산심사 결과 이전에 전세보증금 지급이 필요한 경우에는 필요한 자금에 해당하는 금액만을 신혼부부전용 버팀목으로 추가대출 이용이 가능하나, 부적격시 가산금리가 적용될 수 있으니 유의하여야 함.

■ 전세보증금의 증액이 있는 갱신계약 또는 신규계약(새 집으로 이사) 시, 신혼버팀목 전환대출의 대출한도는?

○ 신규계약의 경우에는 신규 임차보증금의 80% 이내

○ 갱신계약의 경우에는 기존 대출잔액과 증액금액 이내에서 증액 후 총 보증금의 80% 이내

■ 전세보증금의 증액이 없는 갱신계약 또는 신규계약(새 집으로 이사) 시, 신혼버팀목 전환대출의 대출한도는?

○ 신규계약의 경우에는 신규 임차보증금의 80% 이내

○ 갱신계약의 경우에는 기존 대출잔액 이내에서 갱신 임차보증금의 80% 이내

■ 기존 버팀목대출을 신혼버팀목대출로 전환하게 되면, 대출기간(10년) 은 새로 기산하는지?

○ 전환대출 실행일로부터 최장 10년 가능함

■ 기존 버팀목대출의 대출기간 중에 결혼 후 새로운 집으로 이사하는 경우에도 신혼버팀목대출 전환이 가능한지?

○ 가능함

■ 대출실행일로부터 1년 후 대출기간 중 목적물 변경으로 인하여 대환하는 경우 기한연장횟수 및 최장 대출기간은?

(주택도시보증공사 전세금안심대출보증, 한국주택금융공사 임대주택 입주자 특례보증 및 집단전세보증의 경우)

○ 최장 대출기간은 대환대출 전 최초 대출실행일로부터 기산한 기간을 기준으로함

○ 기한연장으로 보아 기한연장 횟수에서 차감하며, 1년 이용 후 대환하는 경우 잔여 대출기간(1년)은 최장 대출기간에서 차감(대환시부터 3회 연장 가능, 최장 8년)

■ 대출기간 중 목적물 변경으로 인하여 대환하는 경우 타행간 대환 가능 여부?

○ 타행간 대환 불가

■ 소득산정은 세전인지, 세후인지?

○ 소득은 세전기준으로 산정됩니다.

■ 대출 실행 후 철회가 가능한지?

○ 대출 실행 후 아래의 기일 중 늦을 날로부터 14일 이내에 대출계약 철회 가능

　(1) 대출계약서류를 제공받은 날

　(2) 대출계약체결일

　(3) 대출실행일

(4) 사후자가산심사결과 부적격 확정통지일

- 대출계약 철회는 채무자가 철회기한 이내에 원금과 이자 및 부대비용
을 전액 반환한 때에 효력이 발생

○ 대출계약 철회권의 효력이 발생한 이후에는 철회권 행사 취소 불가

■ 대출 이용 중 자녀를 출산한 경우 대출한도 및 대출이용기간 산정 기준은?

○ 대출이용기간은 당초 최장 연장기간(4회, 최장 10년) 만료일 기준 미성년 자녀수가 있는 경우 대출기간을 추가 연장 가능합니다.

- 이후 추가 연장 가능여부는 이전 연장기간의 만료일 기준으로 미성년 자녀수를 비교하여 판단

- (예시) 최장 연장기간 이후 추가 연장 적용 사례

① 1회차 추가연장을 위해서는 최장 연장기간 만료일 기준 1자녀이상 가구에 해당하여야 하며, 자녀수는 만료일 기준 미성년자녀로 판단

② 2회차 추가연장을 위해서는 1회차 추가연장 만료일 기준 2자녀이상 가구에 해당하여야 하며, 자녀수는 만료일 기준 미성년자녀로 판단

③ 3회차 추가연장을 위해서는 2회차 추가연장 만료일 기준 3자녀이상 가구에 해당하여야 하며, 자녀수는 만료일 기준 미성년자녀로 판단

④ 4회차 추가연장을 위해서는 3회차 추가연장 만료일 기준 4자녀이상 가구에 해당하여야 하며, 자녀수는 만료일 기준 미성년자녀로 판단

⑤ 5회차 추가연장을 위해서는 4회차 추가연장 만료일 기준 5자녀이상 가구에 해당하여야 하며, 자녀수는 만료일 기준 미성년자녀로 판단

○ 대출한도는 추가대출일 기준 미성년 자녀수가 2자녀 이상인 경우 호당대출한도 2.2억원까지 이용 가능합니다.

※ 주택도시기금대출은 기금수탁은행에 업무를 위탁하여 심사하고 있습니다. 개별 심사에 관한 자세한 사항은 기금수탁은행으로 문의하시기 바랍니다.

■ 대출 이용 중 자녀를 출산한 경우 우대금리 적용 기준은?

○ 자녀 출산에 따른 우대금리의 경우

- (신규계좌) 2019.12.31. 이후 신규 접수분은 다자녀가구 0.7%, 2자녀가구 0.5%, 1자녀가구 0.3% 적용

- (기존계좌) 2019.12.30. 이전 취급 계좌는 자녀수가 증가할 경우 우대금리를 변경하며, 자녀수 증가일을 기준으로 우대금리 수준을 결정

  (1) 자녀수 증가일이 2018.9.27.이전 : 최초 우대금리 적용(다자녀 0.5%)

  (2) 자녀수 증가일이 2018.9.28.~2019.12.30. : 다자녀가구 0.5%, 2자녀가구 0.3%, 1자녀가구 0.2%

  (3) 자녀수 증가일이 2019.12.31. 이후 : 다자녀가구 0.7%, 2자녀가구 0.5%, 1자녀가구 0.3%

■ 전세자금대출이 지원되지 않는 주택은?

○ 주택도시기금대출의 경우 「주택도시기금법」에 따라 국민주택규모 이하의 주택 및 준주택 임차만 지원 가능합니다.

- 주택 및 준주택은 「주택법」 상 주택 및 준주택을 의미합니다.

* 따라서, 주택법 상 주택 및 준주택에 포함되지 않는 생활숙박시설 등의 경우 대출 지원이 불가합니다.

○ 아래의 어느 하나에 해당이 되는 경우 지원 불가합니다.

  ① 건물등기부등본 또는 건축물관리대장상 임차대상 부분이 주거용이어

야 하며, 임차목적물에 권리침해(압류, 가압류, 가등기, 가처분, 경매 등)가 있는 경우에는 대출취급 할 수 없음

② 임차대상주택이 직계존비속(배우자의 직계존비속 포함), 형제·자매 등 가족관계 소유인 경우 사회통념상 임대차계약에 의한 자금수수가 이루어진다고 볼 수 없으므로 대출취급 할 수 없음. 단, 직계존비속을 제외한 형제·자매 등 임대차계약인 경우 실질적 대금 지급내역을 입증하면 예외적으로 대출 취급 가능

③ 공동주택 또는 다가구·다중주택 중 1가구의 일부분(예 : 단순히 일부 방만 임차하는 경우)을 임대차하는 경우에는 대출취급을 할 수 없음. 단, 세대가 분리 되어있고 출장복명서를 통해 독립된 주거공간(출입문 공유 포함)으로 확인된 경우 대출 취급 가능

④ 법인, 조합, 문중, 교회, 사찰, 임의단체 등 개인이 아닌 자가 소유한 주택에 대해서는 기금 전세자금 취급불가. 단, 사업목적에 부동산 임대업이 있는 법인소유주택은 대출취급 가능

⑤ (임시)사용승인일 또는 연장된 (임시)사용승인일로부터 12개월이 경과한 미등기건물 또는 무허가 건물은 대출취급 할 수 없음

 - (임시)사용승인후 12개월이내의 미등기 건물은 분양계약서 사본, 입주안내문 사본, (임시)사용승인서 사본 등을 제출받아 임차목적물, 임대인 등을 확인 후 대출취급 할 수 있음(사후 건물등기사항전부증명서 징구 불요)

⑥ 본인 거주주택을 매도하고 매수인과 임대차계약을 체결하는 주택은 대출취급할 수 없음

○ 또한, 담보 취득이 불가능한 주택의 경우(보증서 발급 거절 등) 전세자금대출 지원이 불가합니다.

※ 주택도시기금대출은 기금수탁은행에 업무를 위탁하여 심사하고 있습니다. 개별 심사에 관한 자세한 사항은 기금수탁은행으로 문의하시기 바랍니다.

■ 전세자금대출 상환방법의 차이는?

○ 일시상환 : 원금을 만기에 일시상환하는 방식입니다.

○ 혼합상환 : 대출기간 중 원금 일부(10~50%)를 나누어 갚고 잔여원금을 만기에 일시상환하는 방식입니다.

 ※ 주택도시기금대출은 기금수탁은행에 업무를 위탁하여 심사하고 있습니다. 개별 심사에 관한 자세한 사항은 기금수탁은행으로 문의하시기 바랍니다.

■ 부동산전자계약 우대금리 적용 기준은?

○ 아래의 요건을 만족하는 경우 부동산전자계약 우대금리를 적용받을 수 있습니다.

- 국토교통부 부동산전자계약 시스템(https://irts.molit.go.kr)을 활용하여 주택의 매매계약을 체결한 경우

- 2022년 12월 31일 신규접수분까지만 적용 가능

 ※ 주택도시기금대출은 기금수탁은행에 업무를 위탁하여 심사하고 있습니다. 개별 심사에 관한 자세한 사항은 기금수탁은행으로 문의하시기 바랍니다.

■ 다자녀가구 우대금리 적용 기준은?

○ 아래의 요건을 만족하는 경우 다자녀가구 우대금리를 적용받을 수 있습니다.

- 가족관계증명서 또는 주민등록등본상 신청인의 만19세 미만의 자녀가 3인 이상(세대분리된 자녀포함)인 가구

※ 주택도시기금대출은 기금수탁은행에 업무를 위탁하여 심사하고 있습니다. 개별 심사에 관한 자세한 사항은 기금수탁은행으로 문의하시기 바랍니다.

※ 주택도시기금대출은 기금수탁은행에 업무를 위탁하여 심사하고 있습니다. 개별 심사에 관한 자세한 사항은 기금수탁은행으로 문의하시기 바랍니다.

■ 휴직자인 경우 소득 산정 기준은?

○ 신청일 현재 휴직자는 휴직 직전 1개년 소득으로 인정합니다.

- 단, 최근 3년내에 1개월 이상의 소득이 없으면 무소득 간주

※ 주택도시기금대출은 기금수탁은행에 업무를 위탁하여 심사하고 있습니다. 개별 심사에 관한 자세한 사항은 기금수탁은행으로 문의하시기 바랍니다.

■ 일용계약직인 경우 재직 확인 및 소득 산정 기준은?

○ 일용계약직의 경우 세무서발행 소득금액증명원(소득구분 일용근로소득)상의 금액 또는 최근 1년 이내 일용근로소득 지급명세서의 합계액을 기준으로 소득을 인정합니다.

- 단, 객관적인 서류로 재직기간이 입증되는 경우에는 연환산 가능

※ 주택도시기금대출은 기금수탁은행에 업무를 위탁하여 심사하고 있습니다. 개별 심사에 관한 자세한 사항은 기금수탁은행으로 문의하시기 바랍니다.

■ 프리랜서인 경우 재직 확인 및 소득 산정 기준은?

○ 개인사업자인 프리랜서의 경우 사업자등록증(또는 사업자등록증명원)

으로 사업 영위를 확인합니다.

- 폐업한 경우 해당 소득을 인정하지 않으나, 보험설계사 등이 제출한 최근년도 소득자료가 현 사업과 동일한 업종 및 업태의 소득자료인 경우 소득을 인정

○ 상기와 같은 방법으로 재직 및 사업영위 사실확인이 불가능한 경우에는 경력증명서, 위촉증명서, 고용계약서 등 이와 유사한 형태의 계약서 등으로 확인 가능합니다.

○ 개인사업자인 프리랜서의 경우 소득을 사업소득으로 구분하며, 사업소득의 경우 최근발행 사업소득원천징수영수증, 소득금액증명원 또는 종합소득세 과세표준확정신고 및 납부 계산서(세무사확인분) 상 금액으로 확인합니다.

 ※ 주택도시기금대출은 기금수탁은행에 업무를 위탁하여 심사하고 있습니다. 개별 심사에 관한 자세한 사항은 기금수탁은행으로 문의하시기 바랍니다.

■ 기타소득의 경우 소득 산정 기준은?

○ 기타소득의 경우 재직 및 사업영위 등 사실확인을 생략합니다.

○ 기타소득인 경우 최근발행 소득금액증명원 상 금액으로 확인합니다.

○ 수령기간이 1년 미만인 기타소득(이자소득 등)의 경우 연소득으로 환산이 불가능합니다.

 ※ 주택도시기금대출은 기금수탁은행에 업무를 위탁하여 심사하고 있습니다. 개별 심사에 관한 자세한 사항은 기금수탁은행으로 문의하시기 바랍니다.

■ 연금소득의 경우 소득 산정 기준은?

○ 연금소득의 경우 재직 및 사업영위 등 사실확인을 생략합니다.

○ 연금소득인 경우 연금수급권자 확인서 등 증명서, 금액이 확인되지 않는 경우 연금수령통장 상 금액으로 확인합니다.

○ 수령기간이 1년 미만인 연금소득 연소득으로 환산하여 적용합니다. (월환산)

※ 주택도시기금대출은 기금수탁은행에 업무를 위탁하여 심사하고 있습니다. 개별 심사에 관한 자세한 사항은 기금수탁은행으로 문의하시기 바랍니다.

■ 사업소득의 경우 사업영위 확인 및 소득 산정 기준은?

○ 사업자의 경우 사업자등록증(또는 사업자등록증명원)으로 사업 영위를 확인합니다.

○ 사업소득의 경우 최근발행 사업소득원천징수영수증, 소득금액증명원 또는 종합소득세 과세표준확정신고 및 납부 계산서(세무사확인분) 상 금액으로 확인합니다.

- 근로·사업소득의 경우 과세신고 하였으나 아직 전년도 소득입증자료가 발급되지 않는 경우에는 이전년도 소득입증자료로 연소득을 산정

○ 사업영위기간이 1년 미만인 사업소득의 경우 연소득으로 환산이 불가능합니다.

※ 주택도시기금대출은 기금수탁은행에 업무를 위탁하여 심사하고 있습니다. 개별 심사에 관한 자세한 사항은 기금수탁은행으로 문의하시기 바랍니다.

■ 근로소득의 경우 재직 확인 및 소득 산정 기준은?

○ 근로소득자의 경우 건강보험자격득실확인서로 재직을 확인합니다.

- 단, 직장건강보험 적용 제외 등의 사유로 직장건강보험에 가입하지 않은 경우에는 재직증명서 및 사업자등록증(또는 사업자등록증명원) 사본으로 확인

○ 근로소득의 경우 최근발행 원천징수영수증, 소득금액증명원, 최근발행 급여내역서 상 금액으로 확인합니다.

- 근로·사업소득의 경우 과세신고 하였으나 아직 전년도 소득입증자료가 발급되지 않는 경우에는 이전년도 소득입증자료로 연소득을 산정

- 단, 근로소득의 경우 전년도 원천징수영수증이 발급되는 경우에는 전전전년도 소득입증자료를 사용 불가

- 원천징수영수증 상 비과세소득은 제외

○ 재직기간이 1년 미만인 근로소득의 경우 급여내역서상 총금액을 연소득으로 환산하여 적용합니다.(월환산)

- 단, 1개월이상 재직하여 온전한 한 달치 이상의 소득이 존재해야 함

- (예시) 3.4 입사자의 경우 4.30까지 만근 후 대출 신청 가능

 ※ 주택도시기금대출은 기금수탁은행에 업무를 위탁하여 심사하고 있습니다. 개별 심사에 관한 자세한 사항은 기금수탁은행으로 문의하시기 바랍니다.

■ 퇴사 혹은 폐업한 경우 소득 산정 기준은?

○ 재직여부, 사업영위를 확인하여 퇴직한 전 근무지, 폐업한 사업장의 소득은 인정 불가합니다.

- 단, 사업자등록증이 있는 개인사업자의 경우 최근년도 소득금액증명원을 제출하였으나 신규 사업을 개시하여 상호가 변경되었다면, 업종 및 업태가 동일한 경우에 소득을 인정

○ 대출접수일 기준 퇴직한 경우 퇴직증명서(또는 건강보험자격득실확인서), 폐업한 경우 폐업증명서 등으로 확인 후 연소득이 없는 것으로 간주합니다.

 ※ 주택도시기금대출은 기금수탁은행에 업무를 위탁하여 심사하고 있습니다. 개별 심사에 관한 자세한 사항은 기금수탁은행으로 문의하시기 바랍니다.

■ 대출대상자 소득 산정 기준은?

○ 소득의 종류는 근로소득, 사업소득, 연금소득, 기타소득으로 구분합니다.

- 연금의 범위는 공적연금[48], 기업연금, 개인연금을 포함

- 기타소득은 이자, 배당소득 등 소득금액증명원 상 확인되는 금액

- 근로소득, 사업자등록이 있는 사업소득, 공적연금소득(국민연금, 공무원연금, 군인연금, 사립학교교직원연금, 별정우체국연금)이 있는 경우 해당 소득은 필수 합산 대상

 ※ 주택도시기금대출은 기금수탁은행에 업무를 위탁하여 심사하고 있습니다. 개별 심사에 관한 자세한 사항은 기금수탁은행으로 문의하시기 바랍니다.

---

48) 군인연금, 공무원연금, 사립학교교원연금, 국민연금(노령연금, 장해연금, 유족연금 등) 등 국가, 지방자치단체 공공기관이 지급하는 모든 종류의 연금 소득(기초생활수급비, 국가 유공자 보상금, 보훈급여 등 연금형식으로 지급하는 각종 보상금과 수당 등을 포함)

■ 무주택자만 대출이 가능한데, 주택 소유를 확인하는 세대원의 범위는?

○ 무주택 검색 대상 세대원은 아래와 같습니다.

  (1) 세대주 및 세대원[49] 전원

  (2) 분리된 배우자 및 그 배우자와 동일한 세대를 이루고 있는 직계비속

  (3) 세대주로 인정되는 자의 민법상 미성년인 형제,자매

  (4) 공동명의 담보제공자

 ※ 주택도시기금대출은 기금수탁은행에 업무를 위탁하여 심사하고 있습니다. 개별 심사에 관한 자세한 사항은 기금수탁은행으로 문의하시기 바랍니다.

■ 주택 소유 중인데, 무주택으로 보는 경우는?

○ 주택도시기금은 무주택서민의 주거안정 및 주거복지향상을 목적으로 조성,지원되는 자금으로서, 유주택자의 판단은 대상주택의 규모, 가격, 소재지등에 관계없이 기금대출 대상에서 제외됩니다.

○ 분양권 및 조합원 입주권을 보유한 경우도 주택 보유로 확인됩니다. (전세자금대출 신청자의 경우 분양권 및 조합원 입주권은 주택으로 산정하지 않음)

○ 이는 무주택서민을 위한 주거안정자금이므로 개인의 특수 사정은 고려 대상이 될수 없으나, 다음 아래에 해당하는 경우 주택을 소유한 경우에도 무주택자로 인정 가능하므로 참고하시기 바랍니다.

  (1) 상속으로 인하여 주택의 공유지분을 취득한 사실이 판명되어

---

49) 배우자, 직계존속(배우자의 직계존속) 또는 직계비속

그 지분을 처분한 경우

(2) 도시지역이 아닌 지역 또는 면의 행정구역(수도권은 제외한다)에 건축되어 있는 주택으로서 다음 하나에 해당하는 주택의 소유자가 해당 주택건설지역에 거주(상속으로 주택을 취득한 경우에는 피상속인이 거주한 것을 상속인이 거주한 것으로 본다)하다가 다른 주택건설지역으로 이주한 경우

가. 사용승인후 20년이상 경과된 단독주택

나. 85㎡이하의 단독주택

다. 소유자의 「가족관계의 등록에 관한 법률」에 따른 최초 등록기준지에 건축되어 있는 주택으로서 직계존속 또는 배우자로부터 상속 등에 의하여 이전받은 단독주택

(3) 개인주택사업자가 분양을 목적으로 주택을 건설하여 이를 분양 완료하였거나 그 지분을 처분한 경우

(4) 세무서에 사업자로 등록한 개인사업자가 그 소속근로자의 숙소로 사용하기 위하여 ?주택법? 제10조 제3항에 따라 주택을 건설하여 소유하고 있거나 정부시책의 일환으로 근로자에게 공급할 목적으로 사업계획승인을 얻어 건설한 주택을 공급받아 소유하고 있는 경우

(5) 20㎡이하의 주택을 소유하고 있는 경우. 다만, 2호 또는 2세대이상의 주택을 소유한 자는 제외한다.

(6) 60세 이상의 직계존속(배우자의 직계존속 포함)이 주택을 소유하고 있는 경우

(7) 건물등기사항전부증명서 또는 건축물관리대장의 공부상 주택으로 등재되어 있으나 주택이 낡아 사람이 살지 아니하는 폐

가이거나 주택이 멸실되었거나 주택이 아닌 다른 용도로 사용되고 있는 경우 멸실시키거나 실제 사용하고 있는 용도로 공부를 정리한 경우

(8) 무허가건물을 소유하고 있는 경우

※ 주택도시기금대출은 기금수탁은행에 업무를 위탁하여 심사하고 있습니다. 개별 심사에 관한 자세한 사항은 기금수탁은행으로 문의하시기 바랍니다.

■ 대출접수일의 기준은?

○ 공사 비대면(기금e든든)에서 접수한 경우 : 기금e든든 시스템에서 접수를 완료한 날

(본인 및 배우자의 정보제공동의가 모두 완료된 날)

○ 은행 영업점 또는 주택금융공사 비대면에서 접수한 경우 : 은행 영업점 또는 한국주택금융공사에서 기금e든든으로 대출신청정보를 수신한 날

○ 모든 심사(가산금리 부과 포함)는 대출접수일을 기준으로 진행됩니다.

- 자산심사 시 금융자산 및 금융부채 금액은 '조회기준일' 기준으로 수집됩니다.

※ 자산심사 관련 자세한 사항은 기금포탈 [고객서비스]-[자산심사 및 금리안내]-[자산 심사 안내]를 참고

※ 이외에도 주택도시기금에서 시행하는 버팀목 전세자금, 갱신만료 임차인 버팀목 전세자금, 노후고시원 거주자 주거이전 대출, 전세보증금 반환 보증, 주택구입자금 대출 등의 상품이 있습니다.

◧ 편 저 최 용 환 ◧

· 노동관계법 지식사전
· 전 서울강서등기소 근무
· 전 서울중앙지방법원 민사신청과장(법원서기관)
· 전 서울서부지방법원 은평등기소장
· 전 수원지방법원 시흥등기소장
· 전 인천지방법원 본원 집행관
· 법무사

보금자리론!
쉽게 신청하고 대출받기!

2024년 4월 25일 초판 인쇄
2024년 4월 30일 초판 발행

편 저 최용환
발행인 김현호
발행처 법문북스
공급처 법률미디어

주소 서울 구로구 경인로 54길4(구로동 636-62)
전화 02)2636-2911~2, 팩스 02)2636-3012
홈페이지 www.lawb.co.kr

등록일자 1979년 8월 27일
등록번호 제5-22호

ISBN 979-11-93350-38-6(13360)

정가 28,000원

이 도서의 국립중앙도서관 출판예정도서목록(CIP)은 서지정보유통지원시스템 홈페이지(http://seoji.nl.go.kr)와 국가자료종합목록 구축시스템(http://kolis-net.nl.go.kr)에서 이용하실 수 있습니다.